¿qué es el agua?

¿qué es el agua?

CÓMO LOS JÓVENES LÍDERES PUEDEN
PROSPERAR EN UN MUNDO INCIERTO

Kayvan Kian

COPYRIGHT © 2022 MCKINSEY & COMPANY
Todos los derechos reservados.

¿QUÉ ES EL AGUA?
Cómo los jóvenes líderes pueden prosperar en un mundo incierto

ISBN 978-1-5445-2960-8   *Tapa dura*
      978-1-5445-2959-2   *Tapa rústica*
      978-1-5445-2961-5   *Libro electrónico*

Diseño de portada por Alex Robbins
Diseño de libro por John van der Woude
Diseño gráfico por Robin van Merkestein y Tina Rataj
Fotografía del autor por Giovanni Siani
Versión en español por Jaquith Creative
Traducción al español por Paola Manzo

"Per aspera ad astra"
—frase en latín

Dedicado a todo aquél que está pasando por momentos difíciles.

Índice

Introducción **1**

Uno Consciencia y decisión **5**
Dos Positivo y negativo **19**
Tres Fortalezas y debilidades **51**
Cuatro Tú y otros **69**
Cinco Porqué y cómo **91**
Seis Inicio y fin **111**

Amor y despedida **123**
Gratitud y asombro **125**
Sobre el autor **129**

Apéndice A: Matriz de habilidades personales **131**
Apéndice B: Otras cosas que están bajo mi control **133**
Apéndice C: Pensamientos, ideas y más... **137**
Fuentes: H2 y O **143**

Introducción

"Aprender a pensar...en realidad significa aprender a ejercer cierto control sobre el cómo y lo que se piensa. Significa ser lo suficientemente consciente y atento como para elegir a qué poner atención y cómo construir el sentido a partir de la experiencia. Porque si no puedes o no quieres ejercer este tipo de elección en la vida adulta, estarás totalmente frito".
—David Foster Wallace

Desde el momento en el que naciste, la vida te ha presentado retos y oportunidades para trabajar. Si todo está yendo bien para ti, y tienes completa fe y confianza en que serás capaz de lidiar con lo que sea que venga en tu camino, entonces éste libro no es para ti. Puedes dejar éste libro a un lado.

Sin embargo, si sientes que a veces tus días pueden ser muy desafiantes para ti, si no te sientes necesariamente preparado para lidiar con todo lo que se pone en tu camino, o si tienes alguna duda de que puedes crecer, prosperar y guiarte a ti mismo y a los demás a través de lo que sea que esté por venir tanto como te gustaría; entonces éste libro es para ti.

Éste libro contiene precisamente cero ideas nuevas. En cambio, encontrarás una síntesis de muchas formas de pensar que han ayudado a gente en la vida real a fortalecerse a través de sus dificultades, ya sea hace dos mil años o esta misma mañana. A lo largo de los capítulos, encontrarás fuertes influencias de Epíteto, Martin Seligman, Nassim Taleb, Marie Curie, Tim Ferriss, Julie y John Gottman, David Allen, Maryam Mirzakhani, Amelia Earhart, Séneca, Florence Nightingale, Bruce Lee, Ryan Holiday, Lao Tzu y pensadores menos conocidos.

La meta es ofrecer algo que sea universal y sencillo —que ayude a personas de todas las edades—, no con la intención de mejorarte o cambiar la sociedad, sino de darte la sensación de que tienes más opciones, en cualquier momento, en cualquier situación. Por lo tanto, puedes ver este libro como un buen amigo, una guía que te ayuda a navegar y prosperar allí donde estés.

En el primer capítulo, encontrarás una perspectiva de cómo ver el mundo en el que vivimos y los desafíos que presenta. A continuación, tomamos una mentalidad de los antiguos estoicos como base para afrontar esos retos. Después de crear esta base común, el resto de los capítulos aplican esta mentalidad básica a una variedad de temas, investigados, reunidos y estructurados en el modelo PERMA por el pionero reflexivo Martin Seligman.[1]

No hay una sola manera de explorar este libro. Puedes leerlo desde el principio hasta el final, o sólo los capítulos que te atraigan más. Siéntete libre de elegir lo que más te interese. A lo largo del libro, hay ejercicios que te permitirán practicar con los conceptos que tratamos. Puedes hacer estos ejercicios en su totalidad, dejarlos para otro momento, o cambiarlos según te parezca; es tu vida, y este libro está a tu servicio.

Los prácticos ejercicios que encontrarás han sido probados durante siete años por miles de participantes de los talleres del Foro de Jóvenes Líderes de todo el mundo[2] y también por el autor y otros colaboradores. Lo que tienes ante ti es, entonces, el resultado de una colaboración colectiva, y es emocionante compartirlo también ahora contigo.

¡Disfruta!

CAPÍTULO UNO
Consciencia y decisión

Hace mucho tiempo, vivía un hombre llamado Dédalo, que estaba cautivo en un laberinto en la isla de Creta. Dédalo había construido este laberinto para Minos, el rey de la isla; sin embargo, a raíz de un conflicto con Minos, Dédalo acabó encerrado en su propia creación. Como el brillante artesano e inventor que era, Dédalo decidió construir unas alas con las que intentaría volar y así escapar de la isla. Fabricó un par de alas de cera y plumas para sí mismo, y otro par para su amado hijo, Ícaro. Antes de emprender el vuelo, Dédalo instruyó a su hijo para que no volara demasiado cerca del mar, ni demasiado alto hacia el sol, sino que siguiera la trayectoria de Dédalo en el centro. Sin embargo, una vez en el cielo, las palabras del artesano se desvanecieron poco a poco de la mente de Ícaro, conforme se perdía en el éxtasis del vuelo. A medida que se acercaba al sol, sus alas comenzaron a derretirse. Para cuando Ícaro se dio cuenta, ya era demasiado tarde. Se desplomó desde las alturas hasta el mar.[1]

La historia de Ícaro es comúnmente interpretada como una advertencia contra la arrogancia. Bajo esta interpretación, la moraleja de esta historia es que si nos sobreestimamos y nos volvemos arrogantes como Ícaro, podríamos ser nosotros mismos los causantes de nuestra caída.

Sin embargo, considera esta interpretación alternativa: uno podría opinar que no hay nada inherentemente erróneo con "ir más alto" –o cambiar de entorno- siempre y cuando uno esté preparado para acoplarse a dicho entorno, lo cual, Ícaro, con sus alas de cera, no estaba. ¿Cuántos de nosotros sentimos que volamos con alas de cera, a veces un poco demasiado cerca del Sol? ¿Qué tanto de esta situación es consecuencia de tu propia decisión, y cuánto de ella parece darse por hecho?

¿Qué es el agua?

Si queremos aprender a liderar, crecer y prosperar diariamente, ¿por dónde empezamos? Un buen punto de partida es el entorno. Cada entorno en el que te encuentras requiere un conjunto único de mentalidades, habilidades y herramientas. No vives en un vacío ni en un laboratorio estéril; las cosas suceden continuamente a tu alrededor, día con día. Tan simple como podría sonar, el llegar a ser y permanecer consciente de esto es en realidad algo muy difícil. El autor David Foster Wallace ilustró esta dificultad a través de una pequeña historia sobre un encuentro entre dos peces jóvenes y un pez viejo. Mientras nadaban, el pez viejo dice: "Buen día, chicos, ¿qué tal está el agua?" Un momento pasa, seguido de que uno de los peces más jóvenes se desconcierta y le pregunta al otro: "¿Qué demonios es el agua?".[2]

En este capítulo, exploraremos un método para llegar a ser, y permanecer, más conscientes de nuestra "agua": el entorno en el que vivimos y sus implicaciones. Esta es una oportunidad para salir del agua y tener una vista más clara de dónde te encuentras. Puedes empezar a ver, examinar y nombrar lo que constituye el escenario de tu vida y comenzar a decidir sobre los cambios que quieres hacer antes de volver a sumergirte.

Empecemos con un breve ejercicio que pretende aumentar tu nivel de consciencia sobre tu entorno.

EJERCICIO 1A
Un vistazo más cercano al agua

Piensa en todo lo que te ha sucedido en los pasados seis a doce meses y enlista los eventos que aún recuerdas y que tuvieron impacto en ti. Los puntos que anotes pueden ser positivos o negativos, locales o globales, etc. Puedes apoyarte de las siguientes preguntas.

Aguas globales
- ¿Qué titulares de prensa te han llamado la atención en los últimos seis-doce meses?
- ¿Qué eventos políticos y económicos siguen presentes en tu mente?

Aguas locales
- ¿Qué pasó en tu región, ciudad, y/o vecindario?
- ¿A qué te has acostumbrado, que no formaba parte de tu vida hace un año?

Aguas personales
- ¿Qué pasó en tu vida personal y en las vidas de quienes te rodean?
- ¿Qué tan diferente es tu vida hoy, en comparación con tu vida hace un año?

Aguas globales

Aguas locales

Aguas personales

EJERCICIO 1B
Cómo se siente el agua

Toma un momento y medita sobre las listas de arriba. ¿Qué sentimientos te nacen cuando piensas en esos eventos y situaciones? ¿Cómo crees que la gente a tu alrededor se siente en las aguas globales y locales que describiste?

¿Qué está pasando?

Obviamente, no tenemos la oportunidad de tener una conversación sobre tu entorno a nivel local o personal, ya que serán diferentes para cada persona; sin embargo, podemos trabajar con el común denominador más amplio que tenemos: el entorno a nivel global.

Nuestras aguas globales pueden ser descritas como VICA: un mundo que se siente, para muchos, volátil, incierto, complejo y ambiguo.[3] La forma más simplificada de describir este mundo sería:

- "Las cosas están cambiando más rápido, todo el tiempo" (Volátil, lo opuesto a estable)
- "No tengo idea de lo que va a pasar después" (Incierto, en lugar de seguro)
- "Todo está conectado con todo" (Complejo, contrario a simple)
- "Ni siquiera sé qué necesito saber" (Ambiguo, en vez de claro)

Puede que pienses que las cosas siempre han sido así. Incluso dos milenios atrás, Heráclito dijo que "la única constante es el cambio"; sin embargo, uno podría opinar que algunos periodos a lo largo de la historia se han sentido más VICA que otros. Si sientes que el mundo a tu alrededor está cambiando a un ritmo más rápido, y que necesitas estar esperando continuamente por lo inesperado en un altamente interconectado, impredecible y, a veces, confuso mundo, entonces ten por seguro que no estás solo.

Soñar con estabilidad y control

¿Y qué? ¿Por qué esto es importante? Bueno, uno entiende intuitivamente que tal ambiente puede ser un obstáculo gigante para la gente. Si fuésemos a preguntarle a la gente si les gustaría tener más o menos volatilidad, muchos de ellos dirían algo parecido a "Soy una persona bastante aventurera, pero está bien, por ahora, y menos estaría bien para mí". En lugar de volatilidad, preferirían más estabilidad, más certeza antes que incertidumbre, simplicidad por encima de complejidad, y claridad por sobre ambigüedad.

Además de las obvias dificultades que un volátil, incierto, complejo y ambiguo entorno presenta, en el centro de este embrollo, hay una abrumadora sensación de falta de control. En general, las personas prosperan en ambientes que experimentan como estables y seguros. El sentido de tener el control de nuestro destino trae consigo un mejor manejo del estrés, mayor rendimiento laboral, e incluso un sistema inmunológico más fuerte. En contraste, la falta de este sentido de control puede traer lo contrario: índices de depresión más altos, estrés y agotamiento, e índices de compromiso menores.[4,5,6]

Prosperar en un mundo VICA

El propósito de ésta sección no es restregarte en la cara que todo es realmente difícil y luego dejarte a la deriva, deseándote la mejor de las suertes; ni solamente prevenirte de colapsar bajo la presión que se ejerce sobre ti. Esta sección es, de hecho, una invitación a invertir el tema, y así poner de cabeza el dilema: ¿cómo se puede liderar, crecer y prosperar en un mundo VICA?[7]

Para empezar a responder esta pregunta, ¿qué mejor que comenzar por personas que, desde cierto punto de vista, se han enfrentado a verdaderos desafíos y navegan por el mundo VICA con cierto éxito?

EJERCICIO 2
Modelos a seguir que prosperan en aguas VICA

Piensa en alguien que consideres un ejemplo a seguir, alguien que ha hecho o está haciendo algo en el mundo, que tú admiras. Eres libre de escoger a quien sea: un vecino, uno de tus hermanos, un colega, un amigo, o alguien sobre el cual leíste en las noticias o viste en redes sociales. Una vez que tengas a alguien en mente, tómate unos minutos para pensar y tomar notas, basándote en estas preguntas:

- ¿Qué acciones que tú admiras ha llevado a cabo?

- ¿Cuál podría ser su mentalidad?

- ¿Cómo ayuda esta persona a que las demás naveguen por un mundo VICA?

Analizar un referente es un buen comienzo y puede ser revelador para ti; sin embargo, lo que funciona para una persona no necesariamente funcionará para otros. ¿Qué pasaría si fuéramos a analizar un grupo extenso de referentes? ¿Qué podrán tener todos en común?

Lo que pasará por la tarde, pasará por la tarde

Si el común denominador entre la gente que prospera en un ambiente VICA es una mentalidad única, entonces ¿cuál será esa mentalidad? Se trata de una mentalidad que fue seguidamente fomentada entre los Estoicos. En pocas palabras, su esencia puede ser formulada como "concentrarse radicalmente en lo que *puedes* controlar".

De hecho, repitámoslo de nuevo: concentrarse radicalmente en lo que *puedes* controlar.[8]

En ciertos momentos a lo largo del tiempo, hay una infinidad de cosas fuera de tu control, mientras que, al mismo tiempo, hay cosas que puedes controlar. ¿Qué tan bueno eres al distinguir entre ambos casos? Todos tenemos veinticuatro horas, cualquier día. Puedes pasar la mayoría de esas horas —justificadamente, puede ser— estando preocupado por una amplia gama de cosas que están fuera de tu control. Al mismo tiempo, puedes invertir el mismo número de horas en cosas que realmente están bajo tu control: mejorar tu propia vida y tener un impacto positivo en tus amigos, familiares, colegas, organizaciones, tu vecindario, sociedad, etcétera.

Esta mentalidad ha sido transmitida durante varias generaciones. Los antiguos Estoicos solían contar la historia de cierta persona llamada Agripino. Cuentan que, un día, alguien llegó repentinamente a casa de Agripino por la mañana, y le dijo que su destino sería determinado por el Senado en un juicio, por la tarde. En respuesta a estas noticias, Agripino se fue a hacer su ejercicio diario. Cuando la gente a su alrededor, sorprendida por su actitud, le preguntó cómo podía reaccionar así, entre todas las reacciones que pudo haber tenido, a lo que Agripino dijo: "Es simple, he basado mi vida en un solo lema: 'No agrego más a mis problemas'". El juicio de Agripino era por la tarde, y podemos imaginar que podría haber pensado algo parecido a "Lo que pasa en la tarde, pasará por la tarde. Pero me niego, con mis propias manos y mis propios pensamientos a agregar algo más a eso; así que, ¿quién está puesto a hacer un poco de buen ejercicio?"[9]

Claro, no se trata de la frase en específico, se trata de la visión que la frase insinúa; la mentalidad, por así decirlo. Tú podrías decir, "No agrego más a mis problemas", o podrías tomar la decisión de concentrarte radicalmente en lo que *puedes* controlar. Emprendedores suelen decir "Hago lo que puedo con lo que tengo", mientras que otros viven en base a "si no lo puedo controlar, no me va a preocupar". Todas estas frases están insinuando la misma mentalidad. Puedes usar cualquiera de estas o crear la tuya propia, lo que sea que te ayude a mirar al mundo desde esta visión.

Sin embargo, es importante notar que esta mentalidad no es una excusa para la apatía. No se trata de animarte a ir caminando por ahí sin que te importe lo que suceda, encogiéndote de hombros con indiferencia ante los altibajos de tu vida. El punto de esta visión es que alcances lo opuesto a la apatía, ayudarte a cultivar una actitud activa en la vida. Se trata de darle tanta importancia a tu vida que, al concentrarte en lo que *puedes* controlar, puedas invertir todos tus pensamientos, esfuerzos y energía de manera que funcionen para ti.

Ahora que discutimos sobre la mentalidad central, vamos a traerlo más a la vida en el resto del libro a través de habilidades prácticas y perspectivas que *estén* bajo tu control y positivamente contribuyan a liderar, crecer y prosperar en un mundo vica.

Capítulo Uno – la esencia

Un pez difícilmente puede ver el agua. Nuestro entorno es difícil de percibir precisamente porque nos rodea por todos lados, a cada minuto de cada día.

La única constante es el cambio. Vivimos en tiempos que, para muchos, se sienten muy desafiantes debido a su volatilidad, incertidumbre, complejidad y ambigüedad.

Para prosperar en un mundo VICA, mantente enfocado radicalmente en lo que puedes controlar. Sé consciente de en qué inviertes toda tu atención, energía y corazón.

> "El sabio está listo para todas las situaciones y no desperdicia nada. Esto se llama encarnación de la luz."
> —Lao Tzu

CAPÍTULO DOS
Positivo y negativo

Un día, Alejandro Magno tuvo un encuentro legendario con Diógenes, un filósofo sin pertenencias. El rey había escuchado muchas historias sobre Diógenes y quería conocerlo. Después de una larga búsqueda, Alejandro y sus hombres encontraron a Diógenes sentado, descansando despreocupadamente contra un barril. Alejandro Magno se le acercó y dijo, "Diógenes, he escuchado muchas cosas buenas sobre ti. Me gustaría cumplirte cualquier deseo que tengas". Al oír esto, Diógenes alzó la vista, lo pensó por un momento, y respondió "Gracias. Si pudiera pedir un deseo, este sería que usted diese un paso a la izquierda y me dejase tomar el sol". Alejandro Magno quedó impresionado y sorprendido por esa simple respuesta. Su admiración por Diógenes sólo se hizo más grande, y proclamó frente a la multitud que los rodeaba: "De no ser porque soy Alejandro Magno, hubiera querido ser Diógenes".[1]

Sentarse en el barril de Diógenes

¿Por qué esta historia sigue siendo tan relevante, después de tantos años? Quizá porque la reacción de Diógenes es más que sorprendente. Después de todo, ¿qué tipo de persona "fallaría" en aprovechar la oportunidad de tener cualquiera de sus deseos cumplidos? Esta historia puede ser interpretada de muchas maneras. Una de ellas es que Diógenes sabía lo que realmente disfrutaba, y se aseguraba de que esas cosas también estuvieran dentro de su propia esfera de control.

Este capítulo intentará hacer algo similar, para poder incrementar el radio de emociones positivas en nuestras vidas.[2] Antes de ir más lejos, es importante ser explícitos con lo siguiente: este capítulo no es un intento de dar la impresión de que las emociones negativas son "malas" y las emociones positivas son "buenas". Hay momento y lugar para ambos. Las emociones negativas son parte integral de la vida humana, y tienen sus propios méritos.[3] Siendo así, entonces la pregunta sería si, en un entorno dentro de un mundo VICA, experimentas el radio de emociones positivas que quieres.

Echemos un vistazo más cercano a los beneficios de las emociones positivas. Experimentar estados emocionales positivos puede ser considerado una meta en sí mismo- realmente no se necesita justificar que quieres sentirte bien; sin embargo, emociones positivas tienen un montón de beneficios, incluidos:

- Ampliar tu concentración y periodo de atención.
- Mejorar tu habilidad para resolver problemas.
- Proteger tu salud y reforzar tu sistema inmunológico.[4]

Además, experimentar emociones positivas genera un amortiguador psicológico y práctico que puede que necesites en algún momento. ¿Qué quiere decir esto? Es mucho más fácil lidiar con una situación negativa cuando tienes un amortiguador formado de emociones positivas que has construido con el tiempo, ya que te hace resistente durante los momentos difíciles en la vida.

Muchas actividades que crean emociones positivas (tales como divertirte con tus amigos o sentir curiosidad por un tema nuevo) también tienen el lado positivo de construir recursos prácticos (relaciones sociales, conocimientos) que pueden ayudarte durante momentos difíciles.[5] En suma, vale la pena echar un vistazo más de cerca a las emociones positivas en tu vida diaria y en las vidas de quienes te rodean.

Tus cosas favoritas

La buena noticia es que es posible construir tu amortiguador de emociones positivas en un número infinito de formas. Este libro, por supuesto, no puede decirte exactamente lo que te va a dar este golpe de positividad en la vida. Eso lo tienes que descubrir tú. Lo que yo puedo hacer es darte algunas instrucciones sobre dónde buscar.

Saquemos un poco de sabiduría de la película La Novicia Rebelde. En esta película, Julie Andrews interpreta el personaje de María, la institutriz de siete niños. Durante una tormenta, ella se sienta con ellos en su habitación. El clima tiene a los niños asustados, y para tranquilizarlos, María empieza a cantar sobre unas de sus cosas favoritas:

El rocío de las flores cuando amanece
Copos de nieve y la luna aparece
Siempre que sola estoy pienso así
Son esas cosas que me hacen feliz

Muchos colores y un pie de manzana
Pinos enormes y muchas campanas
Aves que vuelan en grupos sin fin
Son esas cosas que me hacen feliz

*Niños vestidos con ropa elegante
Joyas hermosas y muchos brillantes
Inviernos helados que acaban al fin
Son esas cosas que me hacen feliz*

*Cuando llueve
Si hay tormenta
Cuando triste estoy
Recuerdo las cosas que me hacen vibrar
Y ya no me siento tan mal*

Esta simple canción transmite la sabiduría de las emociones positivas y la importancia de su rol como ayuda en los momentos difíciles. Ahora te invito a crear tu propia lista de tus cosas favoritas.

EJERCICIO 1
Pequeño, específico, simple

Toma un par de minutos y crea una lista de tus cosas y actividades favoritas. Trata de ser tan específico como puedas.

¿Cómo te hizo sentir este ejercicio? ¿Te diste cuenta de algo? ¿Qué pensamientos o ideas se aparecieron en tu mente?

Podrías notar que, como Julie Andrews, tan solo pensar en tus cosas favoritas puede invocar un sentimiento positivo, lo cual llamaríamos *saborear*. Al hacer este tipo de ejercicios, y de este modo volviéndote más consciente de ti mismo, con suerte se amplían tus opciones para elegir. Entre más consciente estás de tus cosas favoritas, mejor puedes integrarlas en tu día a día y no quedarte en espera de que sucedan por casualidad. Sin embargo, ¿cuáles de tus cosas favoritas están realmente *bajo tu control*?

EJERCICIO 2
Pequeño, específico y simple, con una concentración radical sobre lo que puedes controlar

Echa otro vistazo a tu lista, esta vez viéndola desde la perspectiva de "concentración radical en lo que puedes controlar". ¿Cuáles de los objetos que enlistaste podrías experimentar en las siguientes dos o tres semanas si quisieras? Dibuja una estrella junto a esas cosas favoritas viables.

Si tienes al menos una estrella, son buenas noticias. En el entorno de un mundo vica, las emociones positivas importan y hay al menos una cosa favorita que está bajo tu control. Por ahora, es suficiente.

Si decides que te gustaría trabajar en ello, aquí hay un número de cosas que podrías hacer para poder llevarlo a cabo más fácilmente, o aumentar la posibilidad de alcanzar esas cosas favoritas:

- Sigue añadiendo a la lista de cosas favoritas
- Guarda tiempo y espacio en tu día para tus cosas favoritas
- Encuentra formas de recordarte a ti mismo tus cosas favoritas en tu vida diaria.

Muy bien. De momento, muy bien. Pero ¿qué tal si pausamos por un momento y nos ponemos nuestro sombrero cínico?

- Una caminata en la playa
- Una buena taza de café bajo el sol
- Una charla con tus niños
- Un momento de belleza espontánea
- Un poco más de tiempo para dormir
- Un video divertido

Podríamos bien decir: "Bueno, esto está bien y todo, pero es también bastante trivial. No voy a gastar mucho mis pensamientos sobre esto, mucho menos dedicar horas enteras de mi tiempo a esto. Tengo un trabajo que debo hacer. Tengo listas de cosas de las cuales encargarme y por las que preocuparme".

Bueno, eso suena bastante convincente, ¿pero es cierto?

En un nivel más filosófico, lo que este ejercicio te está pidiendo es que: siendo un humano, que vive y camina en esta tierra, ¿Qué te hace feliz? ¿Qué tanto conoces esta parte de ti mismo? ¿Qué tan fácil o difícil te lo pones a la hora de experimentar estas cosas? ¿Cómo estás con esa respuesta?

También, ¿qué significa todo esto, a la hora de relacionarte con otros (quienes navegan en el mismo entorno VICA)? ¿Qué tanto sabes sobre las cosas favoritas de otras personas? ¿Qué tan bien escribirías una lista de las cosas favoritas de los miembros de tu familia? ¿Qué hay de las cinco personas con las que trabajas más? ¿Qué es lo menos que puedes hacer para ayudarles con sus cosas favoritas?

Por supuesto, podrías discutir que la gente que te rodea es responsable de su propia felicidad. No necesariamente tienes que tomar responsabilidad por que las cosas favoritas de otras personas pasen. Sin embargo, lo menos que puedes hacer es un acercamiento de tipo "paso cero": esto es, que al menos no te metas en su camino (tan seguido) al asumir que tus cosas favoritas son universales.

Preguntas "paso cero":

- ¿Tu tema de conversación favorito es el mismo que el suyo?
- ¿Es tu idea de una maravillosa tarde o una celebración, la misma que la suya?
- ¿Qué les encantaría hacer si tuvieran un día libre?
- ¿Qué es eso por lo que están ansiando tanto ahora mismo?

Lo positivo de lo negativo

Hasta ahora, hemos echado un vistazo a usar simple consciencia de nuestras cosas favoritas, seguido de acción intencional como una forma de experimentar más emociones positivas en nuestras vidas.

Este capítulo, sin embargo, no es sobre fingir que te sientes feliz cuando estás decaído. Algunos podrían decir que las emociones negativas son intrínsecamente malas, porque a menudo surgen de situaciones negativas y se sienten disgustados. Tan entendible como ese argumento puede sonar, es bueno considerar cuál podría ser el valor y los beneficios de las emociones negativas.

EJERCICIO 3
Los méritos de las emociones negativas

¿Puedes recordar un caso en el que hayas experimentado una emoción negativa que tuviese mérito para ti, o te haya ayudado a notar o hacer algo que de otro modo no habrías notado o hecho? Piensa en esto y luego explora las siguientes preguntas:

- ¿Qué emociones negativas sentiste en esa situación?

- ¿Qué efecto tuvieron sobre ti?

- ¿Cómo te ayudaron a superar la situación?

Emociones negativas son una parte integral de la naturaleza humana; excluirlas todas removería una enorme y rica parte de nuestra experiencia. Las emociones nos ayudan a aclarar nuestras metas y valores, ya que aprendemos lo que es importante al observar cómo reaccionamos a lo que pasa en nuestras vidas.

Todos los estados emocionales —tanto los negativos como los positivos— pueden abrir ciertas vías y posibilidades, al mismo tiempo que cierran otras. En este caso, las emociones negativas pueden ser fuertes motivaciones. A menudo actuamos más decisivamente y persistentemente por deshacernos de las causas de las emociones negativas. También, sorprendentemente y por alguna razón, tomar un "tiempo fuera" cuando te sientes mal puede ser benéfico para ti. Al tomar un tiempo para descansar, le permites a tu cuerpo recobrar fuerza.[7]

Con esto dicho, en un mundo vica, no siempre es aparente cuan negativas son las cosas. Si no te tomas el tiempo de evaluar disgustos, es fácil sentirse abrumado con la cantidad de exposición a la negatividad que puedes tener a través del trabajo, redes sociales, correos, noticias, y mensajes de voz o de texto.

¿Es todo siempre personal?

Por lo tanto, en la siguiente sección, como matemáticos experimentados, nos concentraremos en formas de aumentar la proporción de emociones positivas simplemente disminuyendo el nivel de lo que puede ser llamado "negatividad innecesaria" en nuestras vidas —en otras palabras, "despejando el ruido".

Disminuye tu exposición (cantidad)

Una forma bastante directa de llevar esto a cabo, es limitando tu exposición ante las cosas que le dan margen a las experiencias o sentimientos negativos –en otras palabras, creando tu "nivel de distancia óptimo" a las fuentes de negatividad.[8]

EJERCICIO 4
¿Qué es ese sonido?

Anota una lista de cosas en tu vida diaria que generan emociones negativas en ti. Piensa en lugares, medios, gente y pensamientos que no valen la negatividad extra que traen a tu vida. Siguiente, pon una estrella junto a las que eres capaz de limitar o detener completamente.

Disminuye el impacto de la exposición (calidad)

Después de que hayas disminuido tu exposición a las fuentes de negatividad sin las cuales te gustaría seguir, la pregunta que se mantiene es, ¿cómo podrías limitar el impacto negativo de todas las conmociones y "picaduras" que aún quedan?

El concepto que será presentado aquí es el del optimismo aprendido.[9] Este concepto se trata de cómo evalúas e interpretas eventos que suceden en tu vida diaria. No es sobre hacer que las cosas se vean mejores de lo que en realidad son; más bien, es sobre no hacerlas verse peor (en el espíritu del lema de Agripino, "No agrego más a mis problemas"). Practiquemos este concepto con un ejemplo.

EJERCICIO 5
El discurso de boda

Imagina que te pidieron a ti y a tu primo dar un discurso sorpresa para una boda. No es cualquier boda, sino la boda de tu sobrina. Una noche, después de un día de trabajo, finalmente terminas de escribir el discurso. Has pasado mucho tiempo y trabajaste muchos días para hacerlo perfecto. Al releerlo, te sientes orgulloso de lo que has creado. Se lo envías a tu tío, quien esperas que esté orgulloso e impresionado por tu trabajo.

La mañana siguiente, de camino a tu trabajo, ves que has recibido un mensaje de voz de tu tío. Escuchas el audio con emoción, esperando los cumplidos y entusiasmo de tu tío. Pero, en lugar de eso, escuchas lo siguiente:

"Hola. Recibí el discurso. No me gustó. Por favor devuélveme la llamada".

Toma un momento y anota los pensamientos y emociones que te vengan a la mente.

Siempre que algo pasa en nuestras vidas, queramos o no, lo experimentaremos en, al menos, tres dimensiones. Esto pasa automáticamente —a menudo, ni siquiera somos conscientes de ello— y disparará una reacción emocional. Estas tres dimensiones son:

- Sujeto: Personal vs. impersonal
- Alcance: Total vs. específico
- Tiempo: Para siempre vs. temporal[10]

Veamos estas dimensiones, interpretando el ejemplo del discurso a través de cada una.

1. Personal vs. impersonal

Una forma de interpretar el mensaje del discurso de boda, es tomarlo totalmente personal, como si hubiera algo malo con nosotros, un defecto humano o un déficit que necesita ser corregido. En el mensaje de voz, mientras escuchamos, "No me gustó", lo que estamos pensando es, "Todos sabemos lo que quiere decir. ¿Quién no le gusta? ¡Obviamente yo! Probablemente esté pensando 'no sé quién te pidió que dieras este discurso. Es realmente malo. No puedo creer que no seas capaz de hacer una cosa tan simple'".

Por otro lado, si interpretamos el mensaje desde el extremo contrario, de una manera completamente impersonal, entonces lo interpretamos así: "no le gustó el discurso, eso es todo". Quizás él había tenido algunas ideas para el contenido o el estilo del discurso que no habías incorporado en la forma en la que él lo proyectó, y quiere que añadas esos elementos.

2. Total vs. especifico

¿Qué quiere decir tu tío con "no me gustó", de todas formas? ¿El discurso completo? ¿En serio? ¿No le gustó la estructura, las bromas, las anécdotas, el tono, la extensión, y todo lo demás?

O, tal vez, había solamente una broma que le pareció inapropiada.

3. Para siempre vs. temporal

Finalmente, el efecto de tu discurso terrible podría haber afectado permanentemente la relación con tu tío. Puede que su forma de verte sea diferente, y quedes por siempre como un idiota. De hecho, tu tío pudo haber hablado ya con otros miembros de la familia sobre tu discurso. Es, probablemente, una decepción enorme para sus ojos. En el futuro, nadie de la familia se atreverá a pedirte que des un discurso, nunca más y, lentamente, puede que termines siendo irrelevante para la familia —el único grupo al cual sentiste que pertenecías de verdad.

O, sólo tal vez, tu tío esté feliz cuando le devuelvas la llamada. Este no es el primer incidente familiar, y claro, "ya pasará".

Este ejercicio, de nuevo, no se trata de hacer que las cosas se vean mejor de lo que son. Puede ser muy contraproducente hacer que todo lo que pase se sienta impersonal, especifico y temporal cuando no lo es. Por lo tanto, no se trata de poner una sonrisa en tu cara cuando lo único que te apetece es esconderte bajo una sábana y llorar. En su lugar, se trata de ayudarte a no interpretar las cosas peor de lo que en realidad son y, por consiguiente, despejar el sonido. En otras palabras, este ejercicio es para que veas que sí tienes opción.

Muchas situaciones pueden ser altamente ambiguas, y gran parte de la comunicación es, a menudo, incompleta. Aclarando, tu interpretación inicial a través de las tres dimensiones podría corresponder exactamente con la realidad de la situación. También, puede que haya beneficios por sobreestimar señales negativas, sólo quedándote en el lado seguro. Sin embargo, si interpretas cada señal en un mundo VICA como altamente "personal", "total" y "para siempre", puede que se vuelva demasiado para soportar.

Así que, ¿cuales son tus opciones?

Opción #1

Inmediatamente después de escuchar el mensaje de tu tío, podrías llamar a tu primo en un estado de pánico. Le dices, "no le gustó el discurso al tío". Si haces eso, ¿qué crees que pase después? Probablemente lo mismo que te pasó a ti. Tu primo interpretará la situación en las mismas tres dimensiones. Consecuentemente, puede que tu primo llame a tu tío en un estado de enojo y empiece la conversación de una forma innecesariamente tosca y con tono negativo. Investigaciones indican que este es uno de los indicadores más fuertes de que una conversación terminará también con el mismo tono tosco y negativo.[11]

Eventos como estos son comparables con un derrame de petróleo —un derrame de petróleo energético, se podría decir. Este tipo de energía puede moverse a altas velocidades a través de los grupos de personas, ya sea que se trate de una familia, una organización, un vecindario o un grupo de amigos.

Así que, ¿ahora qué? Vamos a rebobinar este escenario y notaremos que tenemos opción.

Opción #2

Antes de hablarle a tu primo, por ejemplo, podrías tomar un respiro y tratar de entender lo que realmente te está molestado. Haz un chequeo rápido en cada una de las tres dimensiones. Retarte a ti mismo a preguntar hasta qué punto tu reacción inmediata se distancia de la realidad. Llama a tu tío para ver qué tan mal están las cosas en realidad y discutir posibles soluciones, previniendo así el derrame de petróleo en tu interacción familiar.

EJERCICIO 6
Golpe de realidad

Piensa en un incidente que te haya molestado recientemente, en el último mes. ¿Qué pasó?

Ahora, reflexiona sobre tu respuesta inicial y posiciónala en las escalas de las tres dimensiones:

Personal   **Impersonal**

←—————————————————————→

- ¿Fue sobre ti?
- ¿Fue solamente sobre ti?
- ¿Fue sobre alguna otra cosa? De haberlo sido, ¿sobre qué?

Total   **Específico**

←—————————————————————→

- ¿Se trataba de un problema aislado, o afectaba otras áreas también?
- ¿Había que cambiarlo todo o sólo algunas partes?
- ¿Cuál era el problema principal y sus implicaciones?

Permanente ←――――――――――――→ Temporal

- ¿Tuvo este incidente alguna consecuencia a medio o largo plazo?
- ¿Cuántas personas aún siguen hablando sobre el incidente?
- ¿Tuvo el incidente efectos secundarios positivos o "bellezas inesperadas"?[12]

Ahora, mirando hacia atrás con todo lo que sabes, anota dónde crees que la "realidad" estaba en ese momento. ¿Qué tan cerca o tan lejos estaba de tu primera respuesta?

Lo mejor de ambos mundos

Cada uno de nosotros tenemos nuestras propias tendencias a interpretar los acontecimientos en un determinado extremo del espectro. Algunos de nosotros podemos tomarnos las cosas personalmente; otros se dedican a menudo a lo que puede llamarse "pensamiento eterno", y otros no se detienen a especificar el problema exacto. No todas estas tendencias están necesariamente bajo nuestro control inmediato. Algunas de ellas pueden ser parte de la educación, las experiencias personales o la creencia de que, a veces, es mejor prevenir que curar. La cuestión principal aquí es: ¿cuánto tiempo de reflexión te permites entre los acontecimientos y tus conclusiones sobre ellos?

Por cierto, esto se aplica igualmente a los incidentes positivos (como un cumplido, algo que te sale bien o un éxito importante). ¿Hasta qué punto te resulta fácil o difícil experimentar la verdadera positividad de un evento en las tres dimensiones?

- Impersonal: "Cualquiera podría haberlo hecho".
- Específico: "Sólo he trabajado en una pequeña parte".
- Temporal: "La gente se olvidará de todos modos".

Si se interpreta cada acontecimiento negativo demasiado a la izquierda de estas tres escalas, y cada positivo demasiado a la derecha, es un poco lo peor de ambos mundos.

Sabiendo que lo mismo se aplica a los demás, podrías tenerlo en cuenta a la hora de comunicarte. ¿Con qué claridad posicionas la realidad, para los demás, en las tres dimensiones? ¿En qué medida dejas que los demás adivinen?

Húndete menos y recupérate más rápido

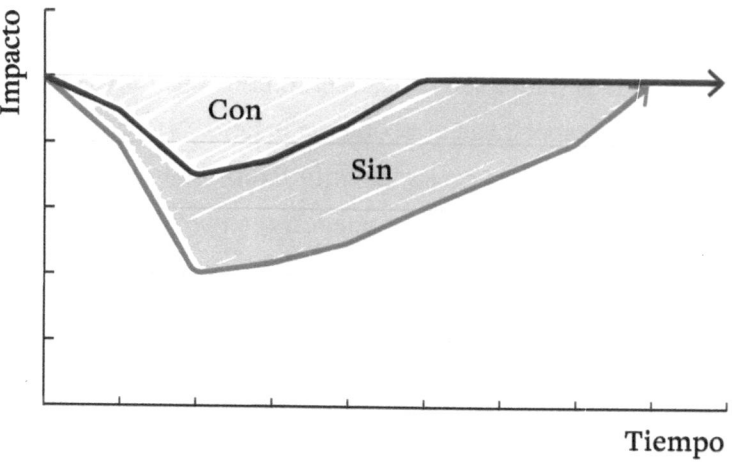

Como puedes imaginar, dominar esto puede requerir cierto esfuerzo. Al mismo tiempo, adoptar técnicas que estén bajo tu control puede ayudarte a que te afecte menos profundamente, y a recuperarte más rápidamente de un flujo continuo de acontecimientos aleatorios negativos en un mundo VICA.

Cuando todo lo demás falla

Hasta ahora, nos hemos hecho más conscientes de cómo construir un amortiguador con nuestras cosas favoritas, y cómo hacer que las caídas en negatividad sean menos profundas y la recuperación sea más rápida.

Ahora, imagina un escenario en el que te has quedado sin tu amortiguador. Tal vez no ha habido mucha oportunidad, tiempo, o energía para hacer cualquiera de tus cosas favoritas. Además, no parece que la situación vaya a cambiar pronto. Es posible que incluso tengas reservas negativas en este momento. Y, en realidad, ya no puedes reducir la negatividad de tu situación. Has quitado el ruido innecesario, y sigue estando bastante mal.

En esos momentos, ¿hay todavía una emoción positiva que puedas aprovechar, independientemente de dónde estés, de lo que ocurra, de lo mal que estén las cosas, de con quién estés y de todas las demás variables?

Si la respuesta fuera afirmativa, ¿qué utilidad tendría?

Para entender esto, vamos a alejarnos por un momento y a observar los grandes tipos de emociones positivas. Esta es una posible vista de emociones positivas (siéntete libre de añadir algo a esta lista):

Admiración	Asombro	Deleite	Libertad
Afecto	Compasión	Entusiasmo	Optimismo
Alegría	Confianza	Esperanza	Pasión
Alivio	Consuelo	Gratitud	Satisfacción
Amor	Curiosidad	Inspiración	Serenidad

EJERCICIO 7
Aprovechamiento de nuevas fuentes

Tómate un momento para pensar qué papel juegan estos tipos de emociones en tu vida. ¿Con qué frecuencia las experimentas? ¿Hay alguna emoción que te gustaría experimentar más a menudo?

Comprender que hay diferentes tipos de emociones positivas puede ayudar a ampliar la selección de las que quieres aprovechar. Puede que te des cuenta, al repasar esa lista de tus cosas favoritas, que principalmente te dan ciertos tipos de emociones positivas y se omiten otras.

Sin embargo, hasta ahora no hemos respondido a nuestra pregunta inicial. ¿Qué emoción positiva es la que más está bajo nuestro control, cuando todo lo demás falla? Aunque la respuesta puede variar de persona en persona, la emoción que muchos pensadores consideran que más está bajo nuestro control es la gratitud. Incluso en las circunstancias más difíciles, los seres humanos han sido capaces de experimentar la gratitud a su propia manera, única y privada.[13] Quizá no sea una sorpresa que, a lo largo de los siglos y más allá de las fronteras culturales y geográficas, muchas de nuestras grandes tradiciones traten sobre el cultivo de la gratitud.

Podríamos hablar de la gratitud durante mucho tiempo, pero la mejor manera de entender la accesibilidad y el efecto de la gratitud es experimentándola. Así que pasemos al siguiente ejercicio.

EJERCICIO 8
Carta de gratitud

Piensa en alguien que haya tenido un impacto significantemente positivo en tu vida. Podría ser alguien que todavía está contigo o no, un viejo maestro de la escuela, alguien de tu oficina o de tu vida personal; podría ser alguien con quien has hablado o nunca has visto en persona. El punto es que escojas a alguien.

Ahora te invito a escribirle una carta (no necesariamente tienes que compartírsela), describiendo eso por lo que te sientes agradecido, específicamente, y el porqué. Si no sabes por dónde empezar, sólo comienza por la primera frase que se te venga a la mente.

CARTA DE GRATITUD

¿Cómo se sintió hacer esto? ¿De qué te diste cuenta mientras escribías?

Espero que este ejercicio te haya ayudado a darte cuenta de que puedes aprovechar una fuente infinita de gratitud, por ti mismo. Es posible que también te haya dado una idea de tus necesidades más importantes.

Tú, como ser humano, eres capaz de acceder a un sentimiento de gratitud por cosas que no necesariamente tienen que ver con tu aquí y ahora. En otras palabras, puedes acceder a una fuente de emociones positivas que no requiere que tus circunstancias actuales sean siempre agradables, cómodas o libres de estrés. Esta invitación no es necesariamente por razones morales, como "debes ser agradecido" o "debes sentir X cantidad de gratitud para ser una buena persona", más bien por razones pragmáticas. Todo lo que necesitas es centrarte radicalmente en eso por lo que estás agradecido.

Privación intencionada

Si la gratitud es tan grande, ¿por qué no la experimentamos todos, todo el tiempo? Los antiguos romanos y griegos eran muy conscientes de esta verdad: como humanos, somos increíblemente buenos acostumbrándonos a lo que tenemos. Piensa en lo bien que te sientes el primer día que logras u obtienes algo que has deseado durante mucho tiempo. ¿En qué se diferencia el primer día de conseguirlo o tenerlo de la decimosexta semana? A menudo nos adaptamos a lo que tenemos con bastante facilidad.

De un modo u otro, muchas culturas y tradiciones antiguas promovieron una práctica que podría denominarse "privación intencionada".[14] Eliminar conscientemente la presencia de algo que podrías dar por sentado, durante un periodo de tiempo limitado (previamente decidido), es una forma de asegurarse de que no lo darás más por sentado.

Por ejemplo, si das por hecho que la calefacción está en funcionamiento cuando hace frío, ¿qué tal si apagas la calefacción durante una semana? Si das por hecho tus zapatos, ¿qué te parece salir de casa sin ellos durante un día? Si das por sentado tu medio de transporte, ¿qué tal si vives sin él durante un mes?

La privación intencionada a corto plazo funciona como una especie de restablecimiento. En lugar de quedar atrapado en una rutina en la que las cosas que tienes parecen no ser suficientes, podrías optar por un estilo de vida de "restablecimiento". De este modo, serás más consciente de lo que tienes y de lo mucho que "si ya no tuvieras lo que tienes, desearías tenerlo".

Si por alguna razón prefieres no eliminar nada del mundo exterior, a menudo puede bastar con visualizar que estás sin aquello que te es preciado, un experimento mental que también está *siempre bajo tu control*.

Desenvolver el presente

En el ejercicio anterior, practicamos el experimentar la gratitud por el pasado. Apliquemos ahora la misma habilidad al presente.

Cada momento que experimentas tiene un número potencialmente infinito de factores que hacen posible su existencia. Aprender a desenvolver el presente significa ser más consciente de esos factores, y de cómo algo concreto puede verse como una parte inseparable del todo. Por ejemplo, mientras lees esta frase, piensa en tres cosas que te permitan hacerlo. Ahora, piensa en otras tres que sean menos obvias.

En el siguiente ejercicio puedes aplicar esta misma técnica a algo que agradeces en el presente.

EJERCICIO 9
Desenvolver la gratitud

Toma un momento para pensar en estas preguntas...

- ¿Qué valoras profundamente del aquí y el ahora?

- ¿Qué cosas extrañarías si ya no las tuvieras?

- ¿Qué cosas aprecias no tener en tu entorno?

- ¿Cuáles son las cosas en las que se apoyan tus respuestas a estas preguntas?

Ya sea que las cosas que agradeces pertenecen al pasado o al presente, la buena noticia es que tu experiencia de gratitud siempre tiene lugar en el aquí y el ahora. Y por cierto, ¿has estado alguna vez en otro lugar que no sea el aquí y ahora?

Capítulo Dos – la esencia

Disfruta de tus cosas favoritas. Como un amortiguador, las emociones positivas que experimentamos pueden ayudarnos a afrontar mejor los acontecimientos negativos diarios. Y se sienten bien.

Despeja el ruido. Puedes reducir la "negatividad innecesaria" disminuyendo tu exposición y realizando comprobaciones de la realidad: lo personal frente a lo impersonal, total frente a lo específico, y lo permanente frente a lo temporal.

Desenvolver tus presentes. La gratitud es una emoción positiva que siempre está ahí para que accedas a ella. Ya sea que te centres en el en el pasado o en el presente, hay una lista infinita de cosas para elegir.

"*El receptor agradecido obtiene una cosecha abundante*".
—William Blake

CAPÍTULO TRES
Fortalezas y debilidades

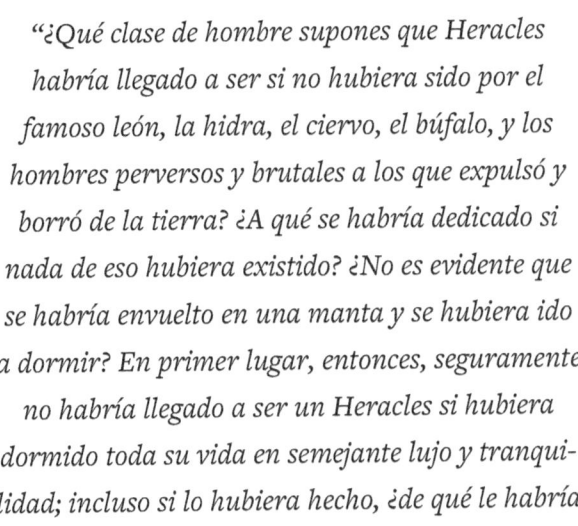

"¿Qué clase de hombre supones que Heracles habría llegado a ser si no hubiera sido por el famoso león, la hidra, el ciervo, el búfalo, y los hombres perversos y brutales a los que expulsó y borró de la tierra? ¿A qué se habría dedicado si nada de eso hubiera existido? ¿No es evidente que se habría envuelto en una manta y se hubiera ido a dormir? En primer lugar, entonces, seguramente no habría llegado a ser un Heracles si hubiera dormido toda su vida en semejante lujo y tranquilidad; incluso si lo hubiera hecho, ¿de qué le habría servido? ¿De qué habrían servido sus brazos y toda

su fuerza, resistencia y nobleza de espíritu, si no hubieran existido tales circunstancias y oportunidades para despertarlo y ejercitarlo?"[1]

—Epíteto.

Navegando en las olas de la fluidez

Hay momentos en la vida, en los que estamos tan absortos en la tarea que tenemos entre manos, que entramos en un único estado. Esta experiencia no es necesariamente positiva o negativa. Es un estado que Mihaly Csikszentmihalyi definió en su día como "flujo", y es lo que exploraremos en este capítulo.[2,3]

En un estado de fluidez, no te preocupa el pasado ni el futuro. En cambio, tu conciencia se funde con la actividad hasta tal punto que incluso tu noción del tiempo se ve alterada. Algunas personas experimentan el flujo al tocar la guitarra, mientras que otras lo hacen cuando resuelven problemas matemáticos, corren, pintan, leen un libro o cocinan.

Estar en un estado de fluidez conlleva muchos beneficios, entre ellos mayor rendimiento y creatividad, mayor autoestima, mayor estabilidad emocional, mayores niveles de energía y menores niveles de estrés. Las personas suelen sentir una intensa sensación de éxito cuando recuerdan lo que han logrado mientras "fluían". Además, es mucho más difícil que las emociones negativas se abran paso cuando tu mente está centrada en la tarea que tiene entre manos, sin pensar en el pasado o el futuro.[4]

"Bien," probablemente estés pensando, "ya lo tengo. Pero, ¿cómo puedo llegar a ese estado?" Con el mismo espíritu de Heracles, una forma muy práctica de entrar al flujo es hacer coincidir tus fortalezas con el reto que tienes entre manos. Esto suena muy sencillo, pero hay numerosas barreras que pueden obstaculizar su realización, como la falta de:

- Conciencia de lo que se te da bien y de lo que te da energía
- Un lenguaje común, mediante el cual se pueden describir las actividades específicas en las que eres bueno y que te dan energía.
- Oportunidades prácticas para hacer todas estas cosas.

La siguiente sección te dará las herramientas para superar esos obstáculos.

Un marco para las fortalezas[6]

Empecemos por averiguar qué son realmente los puntos fuertes, dibujando dos líneas simples: una horizontal y otra vertical.

Obviedad #1

Hay ciertas cosas en la vida en las que no eres tan bueno, y hay ciertas cosas en las que eres mejor.

Muy malo ← → Muy bueno

Obviedad #2

Al mismo tiempo, también hay ciertas cosas en la vida que drenan tu energía, y hay ciertas cosas que te dan energía.

Con estas cuatro secciones, ahora tenemos una estructura sencilla para explorar. Veamos con más detalle cada parte.

Fortalezas

Hay cosas que se te dan bien y que te dan energía. Esto es lo que podríamos llamar "fortalezas". Dependiendo de la persona, puede tratarse de cualquier habilidad: creatividad, escucha, resolución de problemas, humor, atención al detalle, etc. Cuando aplicas tus fortalezas en un nivel no tan desafiante que te consuma, y no tan simple que te aburra (recuerda a Heracles), ahí es donde ocurre la magia. Ahí es donde puedes cosechar los beneficios de "fluir".

Este capítulo es una invitación a encontrar más horas por semana para aplicar tus fortalezas en diferentes ámbitos de tu vida. Por supuesto, puede haber un punto en el que empieces a utilizarlas en exceso o a aplicarlas en contextos equivocados. Sin embargo, lo más probable es que en este momento las estés infrautilizando.

EJERCICIO 1
Descubrir fortalezas

Tómate un momento para enumerar todas las fortalezas que puedas. Por ejemplo, ¿cuándo has trabajado duro para conseguir un gran resultado, y has sentido que podrías continuar para siempre? ¿Qué habilidades utilizaste en ese momento?

Dones extenuantes

Los "dones extenuantes" son una combinación especialmente paradójica: cosas que se te dan bien, pero que al mismo tiempo agotan tu energía. De nuevo, puede tratarse de cualquier habilidad, dependiendo de la persona. Existe el riesgo de confundir esta categoría con fortalezas, si sólo se tiene en cuenta aquello en lo que uno es bueno. Es fácil imaginar que puedes terminar usándolas mucho, precisamente porque se te dan bien, sin reconocer lo agotado que puedes sentirte después de usarlas. Algo que te agota no es, según esta definición, una fortaleza.

Dedica moderadamente tu tiempo a esta categoría. Eres bueno para desempeñar tus dones extenuantes; te benefician a ti y a las personas que te rodean. Probablemente te ayuden a realizar muchas tareas. Pero ten en cuenta tu energía. Desempeñar demasiado los dones extenuantes puede ser una fórmula para el agotamiento. Sólo debes imaginar cómo se siente alguien, que pasa la mayor parte de sus días (de trabajo) en ese cuadrante, cuando se hace de noche.

EJERCICIO 2
Identificar dones extenuantes

Tómate un momento para enumerar todos los dones extenuantes que puedas. Por ejemplo, ¿cuándo has recibido elogios por algo que hiciste bien, pero que realmente te disgustaba hacer? ¿Qué habilidades usabas en esos momentos?

Tesoros ocultos

También hay cosas que no se te dan tan bien, pero que, curiosamente, te dan energía. Esto es lo que podríamos llamar "tesoros ocultos". ¿Por qué? Pasar tiempo en este cuadrante puede ser divertido, placentero, relajante e incluso emocionante; todo ello puede darte la energía necesaria para afrontar mejor los momentos difíciles. Además, el hecho de que lo disfrutes también podría ser un indicio de un talento, es decir, de una fortaleza latente.

Lo mínimo que puedes hacer con esta categoría es reconocerla y disfrutar de tu tiempo en ella. Encuentra entornos en los que puedas explorar tus tesoros ocultos. Esta categoría también podría ser una invitación a desarrollar nuevas fortalezas. Si has alcanzado el límite al mejorar tus fortalezas, esto podría ser un buen jardín para cultivar las futuras con la práctica, la atención y la oportunidad adecuadas.

EJERCICIO 3

Encontrar tesoros ocultos

Tómate un momento para enumerar todos los tesoros ocultos que puedas. Por ejemplo, ¿qué cosas te gusta hacer aunque no seas bueno en ellas? ¿Qué habilidades utilizas en esos momentos?

Debilidades

Las debilidades son la intersección de lo que podría verse como un claro desajuste: aquellas cosas que no se te dan bien y (por si fuera poco) también drenan tu energía. Hay diferentes maneras de afrontarlas. Puedes decidir mejorarlas todas o algunas, ignorarlas, aceptarlas, evitarlas o eliminarlas por completo (eso en un mundo mágico). Sin embargo, como hemos comentado antes, nuestro principal objetivo aquí es encontrar formas de prosperar en un mundo ya de por sí desafiante. Dado que el uso de las debilidades puede ser una barrera para fluir, podrías pensar en formas de minimizar las horas de uso de las mismas.

¿Pero y qué si, por alguna razón, realmente necesitas actuar en base a tus debilidades? En ese caso, podrías preguntarte: ¿cuál es el nivel mínimo de habilidad (que varía de cero a nivel olímpico) al que necesitas elevar tus debilidades, para que no te impidan alcanzar tus objetivos? Si, por ejemplo, tienes que hablar brevemente en público y no se te da bien ni lo disfrutas, ¿qué sería lo mínimo que necesitas aprender? Intenta definir lo que necesitas aprender para esas presentaciones de cinco minutos, no lo que necesitas para convertirte en presentador de un programa de entrevistas.

Una forma muy eficaz de minimizar las debilidades es compensarlas con fortalezas para lograr tus objetivos: *minimizar maximizando*. Si, por ejemplo, quieres entretener, enseñar o inspirar a grandes grupos de personas, y hablar en público es un punto débil, tal vez puedas lograr el mismo objetivo centrándote en la escritura (si es una fortaleza). O bien, si te resulta difícil organizar un día de diversión con tu familia porque no eres muy creativo, tal vez puedas fijarte en las ideas y captarlas con el tiempo, utilizando tu capacidad de escucha (si es un punto fuerte) para lograr ese mismo objetivo.

EJERCICIO 4
Enlistar debilidades

Tómate un momento para enumerar todos las debilidades que puedas. Por ejemplo, ¿en qué actividades no has sido bueno y nunca has disfrutado desde que tienes uso de razón? ¿Qué habilidades intentabas utilizar en esos momentos?

EJERCICIO 5
Juntarlo todo

Para una evaluación más exhaustiva de tus fortalezas (F), dones extenuantes (DE), tesoros ocultos (TO) y debilidades (D), puedes rellenar el siguiente cuadro.[7] No dudes en añadir a la lista cualquier otra habilidad que tengas. Incluso puedes trazarlas en una matriz (dibujando la tuya propia o utilizando el Apéndice A).

Habilidad	¿Bueno en ello? (s/n)	¿Energizante? (s/n)	F	DE	TO	D
Abogar: Apoyar y argumentar a favor de una causa						
Adaptación: Ser flexible ante las exigencias de una situación cambiante						
Ambición: Poner y trabajar para alcanzar metas altas						
Atención a los detalles: Acercarse a los detalles de las cosas y las actividades						
Autenticidad: Ser tú mismo, independientemente del precio que haya que pagar por ello						
Capacidad de improvisación: Movilización de recursos de forma poco convencional y creativa						
Coaching: guiar a otros a resolver retos personales o profesionales						
Competencia: compararte con otros y superarlos						
Concentración: Dedicar la atención y la energía a una sola tarea a la vez						

Habilidad	¿Bueno en ello? (s/n)	¿Energizante? (s/n)	F	DE	TO	D
Conceptual: identificar patrones abstractos e información relevante en situaciones complejas y no estructuradas						
Consciencia emocional: Ser consciente de tus propios estados emocionales y los de los demás						
Construcción de Relaciones: Invertir en vínculos fuertes y a largo plazo						
Coraje: Superar tus miedos, con fuerza emocional, para perseguir tus objetivos						
Creatividad: Idear nuevos e ingeniosos métodos para completar una tarea o resolver un problema						
Cuidado: ayudar y cuidar de otros						
Desarrollo personal: Desarrollar y mejorarse a sí mismo						
Disciplina: Seguir con exactitud procedimientos y normas						
Enseñanza: Traducir conocimientos, ideas y situaciones de manera que otros te puedan entender						
Escritura: Poner tus ideas y mensajes en papel						
Escucha: Atender a lo que los demás tienen que decir y compartir						
Espíritu empresarial: Identificar oportunidades y actuar en función de ellas						
Estrategia: Seleccionar el mejor enfoque posible, para aumentar las probabilidades de éxito						

Habilidad	¿Bueno en ello? (s/n)	¿Energizante? (s/n)	F	DE	TO	D
Gestión de riesgos: Prever los riesgos y decidir cómo afrontarlos						
Hablar en público: Hablar delante de, y transmitirle un mensaje a cierto público						
Humor: Centrarse en los aspectos divertidos y cómicos de lo que existe						
Interconexión: Establecer conexiones con y entre personas						
Interés: Explorar, aprender y descubrir nuevos temas en la vida						
Motivación: Conseguir que otros tomen acción para alcanzar objetivos						
Organización: Estructurar la planificación y la ejecución de tareas						
Planificación: Pensar en los pasos prácticos para alcanzar un objetivo						
Pragmatismo: Tratar los problemas de una forma práctica y orientada a la acción						
Resiliencia: Recuperarse de las dificultades y persistir en condiciones difíciles						
Resolución de problemas: Identificar los problemas y encontrar soluciones						
Trabajo en equipo: Trabajar con grupos de personas						
Visión a futuro: Imaginar un futuro ideal						

Al repasar la lista paso a paso, podrías descubrir que las cosas que creías que eran tus puntos fuertes o débiles, pueden entrar en otras categorías. Si quieres, puedes reunirte con personas que te conozcan bien y pedirles sus puntos de vista.

Al igual que uno puede tener una radiografía de su cuerpo físico, este ejercicio trata de ayudarte a hacer una radiografía de tus habilidades. ¿Puede esta "radiografía" cambiar con el tiempo? Lo más probable es que sí. Con la práctica, los tesoros ocultos pueden convertirse en fortalezas. Si utilizas en exceso una fortaleza, hasta el punto de que te desgasta, podría convertirse en un don extenuante. En un contexto diferente, una debilidad podría convertirse en una diversión y en un tesoro oculto. Sin embargo, por mucho que las cosas puedan cambiar con el tiempo, la cuestión importante ahora mismo es cómo hacer más de las cosas que se te dan bien y que te dan energía hoy.

EJERCICIO 6
Usar tu brújula

Ahora tienes una brújula para gestionar mejor tu energía a lo largo del día y adaptar mejor tus fortalezas a las tareas que tienes por delante. Con esta brújula, puedes aumentar las posibilidades de entrar en el estado de fluidez. Reflexiona sobre las siguientes preguntas, anotando todo lo que se te ocurra.

- ¿Cómo puedes utilizar tus fortalezas más a menudo?

- ¿Cómo puedes moderar el uso de tus dones extenuantes?

- ¿Cómo puedes disfrutar y desarrollar tus tesoros ocultos?

- ¿Cómo puedes minimizar el uso de tus debilidades?

Cuando la "unitalla" no funciona para todos

Según la antigua mitología griega, una vez vivió un hombre muy "hospitalario" llamado Procrustes. Todo viajero que pasaba por su casa era invitado a pasar la noche.

Sólo había un detalle. Los viajeros tenían que caber exactamente en la cama en la que dormirían; no metafóricamente, sino literalmente. Lo que significa que, si eran demasiado chicos, él los estiraba. Si eran demasiado altos, les cortaba una parte de ellos. Por cualquier medio necesario, todas las personas que pasaran por la casa del "hospitalario" Procrustes acabarían siendo exactamente del mismo tamaño, aunque un tanto deformes.[8]

¿Hasta qué punto esperas que los demás tengan las mismas fortalezas y debilidades que tú? ¿Hasta qué punto podrías evaluar las fortalezas de los amigos y colegas con los que más te relacionas? Cuando le pides algo a alguien, ¿en qué medida aprovechas sus fortalezas? Cuando aconsejas a alguien, ¿sólo intentas mejorar sus puntos débiles?

La misma visión puede aplicarse a grupos de personas. ¿Tienen ustedes, como equipo o familia, un conjunto único de fortalezas o debilidades? ¿Cuáles son las ventajas o los riesgos que tienen como grupo? ¿Cómo puede afectar esto a la forma de trabajar y convivir juntos? ¿Imaginan formas de estar más en sintonía como grupo, y al mismo tiempo lograr lo que es importante para ustedes mismos?

Capítulo Tres – la esencia

Fluye. Puedes estar tan absorto en la actividad del momento, que haces que el tiempo se detenga. El estado de fluidez no sólo es una experiencia única en sí misma, sino que también tiene numerosos beneficios que te ayudan a prosperar en un mundo vica.

Accede con fortalezas. Hay muchas puertas para entrar en el estado de fluidez. Una que está bajo tu control es utilizar tus fortalezas a un nivel que no sea tan desafiante como para que te consuma, pero tampoco tan fácil ni que te aburra.

Aumenta las posibilidades. Puedes intentar aumentar las horas semanales en las que utilizas tus fortalezas, moderando tus dones extenuantes, disfrutando y desarrollando tus tesoros ocultos, y minimizando tus debilidades.

"Sé como el agua".

—Bruce Lee

CAPÍTULO CUATRO
Tú y otros

Atenea era la antigua diosa griega de la sabiduría. Era la guardiana de muchas ciudades y la ayudante de los héroes. Cuando uno de estos héroes, Odiseo, rey de Ítaca, viajaba de vuelta a casa en circunstancias difíciles, ella solía velar por él. En destacados casos, cuando Odiseo necesitaba viajar sin ser visto, Atenea le ayudó a disfrazarse, cambiando sus ropas e incluso su apariencia. En otros casos, Atenea le infundía fuerza y valor en el corazón, dándole el poder suficiente para continuar su viaje.[1,2]

Quitar todo lo que no es parte de la estatua

Como ha demostrado la historia, la vida social es una parte integral de la vida humana. El término "vida social" es bastante amplio y puede referirse a una gran cantidad de cosas. En este capítulo, nos centraremos en una definición más delimitada.

Alguien preguntó una vez al gran artista Miguel Ángel: "¿Cómo creas tus estatuas?" Su respuesta fue bastante sorprendente: "Bueno, es bastante fácil. Primero, tomo un pedazo de mármol. Luego, quito todo lo que no forma parte de la estatua que quiero crear. Lo que queda es la estatua".[3]

Si el amplio término "vida social" es una gran pieza de mármol, empecemos por aclarar lo que este capítulo no considera parte de la estatua por ahora:

- Tener más de cinco mil personas en su libreta de contactos
- Invitaciones frecuentes a eventos interesantes
- La sensación de que eres "popular" y de que le gustas a la gente instantáneamente

Puede que algunas de estas cualidades y descripciones te resulten familiares, y pueden ser muy beneficiosas. Sin embargo, si quitamos muchas de las diferentes formas que pueden adoptar las interacciones humanas en la vida cotidiana, lo que queda es lo que queremos enfocar en este capítulo, es decir, la sensación de que hay alguien en el mundo que se preocupa por ti.[4]

Las personas que experimentan que hay alguien en el mundo que se preocupa por ellos pueden afrontar mucho mejor los desafíos de la vida que los que no lo hacen. La mayoría de nosotros sentimos intuitivamente que tener a alguien que se preocupe por nosotros es un componente esencial de la vida. Especialmente en un mundo VICA, la sensación de *no* estar solo sirve de amortiguador para muchos retos. Puede ayudarte a afrontar las decepciones, mantener tu mente ágil, ayudarte a superar los momentos difíciles e incluso a mejorar tu salud física.[5]

Si tú eres de esas personas que tiene dos, tres o incluso cinco de esos individuos en su vida, aún mejor. Estas personas pueden ser cualquiera: un miembro de la familia, una pareja, un amigo, incluso un colega con quien te has vuelto cercano. ¿Cómo puede ser esto? Puede adoptar infinidad de formas. Algunos ejemplos son:

- Puedes llamar a esta persona para que te anime cuando tengas un mal día.
- Esta persona suele tomar decisiones pensando en tu interés.

- Estas personas te ayudan en los momentos cruciales de tu carrera.
- Este amigo/amiga está aquí para ti siempre que lo necesites, incluso a las 3 de la mañana.

La característica central es que te *sientes* atendido. La fuente o las fuentes potenciales de cuidado pueden ser muy variadas. Este capítulo no lo definirá por ti, sino que te ayudará a crear conciencia de lo que podrían ser estas cosas.

Si has prestado atención, puedes notar lo que parece ser un problema. La filosofía central de este libro es "un enfoque radical en lo que *puedes* controlar". ¿Hasta qué punto está en tu mano que los demás se preocupen por ti? ¿Qué éxito tendrías si pidieras a alguien en la calle que se preocupara por ti desde ese momento?

Supongamos que esto no es posible en absoluto. ¿Cómo deberíamos abordar esta dificultad? ¿Debemos decir: "No está bajo mi control, no es de mi incumbencia", y así mejor nos saltamos este capítulo? ¿O hay una forma elegante de resolverlo? ¿Podemos pensar de forma creativa en lo que está bajo tu control cuando se trata de ti y de los demás?

Puede haber al menos dos formas de manejar esto:

- En primer lugar, lo que está en tu mano es estar ahí para otros. Eso sí lo puedes hacer. Lo más probable es que haya personas a tu alrededor y en tu vida que te importan de verdad. ¿Hasta qué punto ellos sienten eso?
- En segundo lugar, puedes ser más consciente de todas las personas que a lo mejor ya están ahí para ti. ¿Hasta qué punto sientes su cuidado?

Empecemos por echar un vistazo más de cerca al primer enfoque: cómo ser esa persona, para los demás.

El discurso de boda, parte dos

¿Qué significa "ser esa persona para los demás", en la práctica? Hay diferentes maneras de demostrar a los demás que te preocupas por ellos. Una habilidad que puedes desarrollar para transmitir tu cariño es la empatía.

Cuando usamos el término "empatía", diferentes personas pueden asociarlo de diferente manera; así que primero vamos a una definición práctica de lo que es y no es la empatía, mediante un experimento mental. Para ello, volveremos a nuestro escenario del discurso de boda del segundo capítulo para hacer un ejercicio.

EJERCICIO 1
¿Dónde está el discurso?

Ahora, imagina que tú y tu primo ultimaron el discurso sorpresa para la boda de tu sobrina. En los meses y semanas anteriores a la boda, pasaron las pocas horas libres que tenían escribiendo, riendo, haciendo una lluvia de ideas y ensayando juntos. Es tan genial que hasta tu tío está entusiasmado con él.

A medida que se acerca la boda, te preparas para subir al tren. La boda es lejos de casa. Estás emocionado y esperas con impaciencia. Es la primera vez que tienes un papel formal en una boda. No puedes esperar a ver a los novios reírse de tus chistes.

Por la noche, durante la cena de la fiesta después de la boda, tu primo parece haber desaparecido. A medida que se acerca la hora del discurso, te pones cada vez más nervioso. Finalmente, cinco minutos antes de la hora del discurso, aparece y se te acerca lentamente. Cuando llega hasta ti, se detiene un momento y luego dice: "Oye... creo que tenemos un problema. Sabes, el discurso que tenía que imprimir para que lo leyéramos; creo que lo dejé en casa... en mi otra bolsa, en casa".

Instrucciones para este ejercicio
Escribe todo lo que podrías decir en un momento así. Puedes anotar lo que dirías, personalmente, o puedes imaginar lo que alguien más hubiera dicho.

Ahora que has escrito todo lo que se te ha venido a la cabeza, veamos una estructura sencilla con la que puedes analizar tus respuestas.

Toda comunicación entre personas contiene al menos dos capas de información.

La primera capa es fácil de notar: es el mensaje literal, verbal. En este caso, se trata de las palabras habladas: "Creo que tenemos un problema. Sabes, el discurso que tenía que imprimir para que lo leyéramos; creo que lo dejé en casa… en mi otra bolsa en casa".

Luego, también hay una segunda capa. El mensaje adicional, por así decirlo. Se conoce como el mensaje emocional, que transmite información sobre el estado emocional del comunicador.

La forma de tratar estos mensajes puede entrar en una de las cinco categorías siguientes.[6]

Categoría uno: Descartar

Una forma de tratar los mensajes es, por las razones que sean, descartar el mensaje emocional y quizás también el mensaje verbal. Hay muchas situaciones en las que este recurso puede ser útil. Por ejemplo, piensa en momentos de peligro, tareas urgentes o crisis en los que ser decisivo es lo único que cuenta. No es casualidad que veas mucha comunicación "descartadora" en las salas de urgencias de los hospitales en los entornos militares.

Estos son algunos ejemplos de respuestas de la categoría uno al ejercicio del discurso de boda:

- "Está bien. De todos modos, nadie sabía que íbamos a hacer esto".
- "¿Qué? Que menso. Y yo había insistido tres veces en traer una copia. ¿Cómo puedes ser tan negligente?"
- "Oh, vaya. Una vez vi esto en una película. ¿Sabes de cuál estoy hablando? Aquella con ese comediante… ¿cómo se llama?"
- "¿No entiendes cómo me voy a ver si no podemos dar el discurso?"

¿Qué tienen en común las respuestas anteriores? Que descartan el mensaje emocional (y, hasta cierto punto, incluso el verbal) que transmite tu primo. Los mensajes son como pelotas que tu primo lanza hacia ti, pero tú las esquivas.

Segunda categoría: Resolución de problemas

Otra forma es tomar el mensaje literal y verbal, procesarlo y elaborar una serie de soluciones, correctas o incorrectas, oportunas o inoportunas, para el asunto en cuestión. Puede que no sea sorpresa que muchas de las respuestas a los problemas surjan a menudo y de forma automática: en la escuela y en el trabajo, se nos entrena para convertirnos en hábiles solucionadores de problemas. Por eso, cuando oímos de un reto o dilema, nos parece natural preguntarnos: "¿Cómo podemos resolverlo?" O "¿Cuáles son nuestras opciones?" o "¿Cómo puedo ayudar?".

Estos son algunos ejemplos de respuestas de la categoría dos al ejercicio de discurso de boda:

- "Sólo improvisemos sin el texto".
- "¿Hay una impresora por aquí?"
- "Vamos a recrearlo lo mejor que podamos esta noche, movemos el discurso para mañana".
- "¿Deberíamos olvidarnos de ello y disfrutar de nuestra velada entonces?"

Categoría tres: Reconocimiento

Una forma muy diferente de responder, es reconocer la existencia del mensaje emocional de la otra persona, aunque su contenido no esté claro para ti. Al hacer esto, abres una puerta a su mundo emocional. Es como una invitación: la otra persona puede decidir si comparte o no un atisbo de ese mundo, es su decisión.

Estos son algunos ejemplos de respuestas de la categoría tres al ejercicio del discurso de la boda:

- "Uy, no, ¿tú cómo estás?"
- "¿Cómo te sientes justo ahora?"
- "El discurso no es lo más importante para mí; ¿tú cómo estás?"

Categoría cuatro: Nombrar

Otra forma de responder es no sólo reconocer que hay un mensaje emocional, sino también intentar nombrar lo que podría ser esa emoción específica.

Puede que tengas razón, podrías estar equivocado, pero lo intentas. La fortaleza de este enfoque puede ser que hace que la otra persona se sienta psicológicamente visible, en contraste con solo físicamente visible. Cuando la otra parte aún no puede articular su emoción, puede ser un gran alivio que tú lo hagas. Incluso si el sentimiento que nombras no refleja la experiencia de la otra persona, le das más posibilidades de empezar a articular sus sentimientos y, por lo tanto, también abres un espacio para que haya intimidad entre ustedes; si es eso lo que necesitan de ti.

He aquí algunos ejemplos de respuestas de la categoría cuatro al ejercicio del discurso de la boda:

- "Oh, debes estar triste…"
- "Imagino que estás molesto".
- "¿No te sientes aliviado porque no tenemos que dar el discurso?"

Categoría cinco: Contextualización

Una última forma de responder es no sólo reconocer y nombrar el mensaje emocional, sino también ponerlo en el contexto de la vida de la otra persona. Esta será nuestra definición práctica de la empatía, en este capítulo.

Estos son algunos ejemplos de respuestas a la categoría cinco del ejercicio de discurso de boda:

- "Me imagino que te sientes triste porque has trabajado incansablemente en esto durante tus fines de semana".
- "Puedo imaginar que te sientes aliviado, dado lo mucho que temías esto… a menudo mencionabas cómo nunca te gustó hablar en público".
- "Debes sentirte enfadado, sobre todo porque me habías pedido que imprimiera también una versión de seguridad, en lugar de ponerlo todo en ti, como siempre".

Como podrás observar, al añadir el contexto, reconoces a esta persona en particular, con su historia, sus deseos, esperanzas, valores y sueños. Les muestras que ves cómo este momento encaja en todo eso.

¿Recuerdas haber dado o recibido una respuesta de categoría cinco? ¿Qué efecto tuvo en ti o en la otra persona?

Siquiera hace falta decir que la categoría cinco no es siempre, por definición, la mejor respuesta. Hay un momento y un lugar para cada categoría. La cuestión principal es: ¿respondes por elección o por costumbre?

"Sé exactamente cómo te sientes", y otros engaños

¿Cuál crees que es el mayor error que comete la gente cuando intenta ofrecer empatía, con la mejor intención? Imagina que alguien está en una especie de crisis:

Escenario #1

Amigo: "Me siento algo deprimido..."
Tú: "Sé exactamente cómo te sientes. He pasado por exactamente lo mismo. Te voy a decir detalladamente cómo fue, y cómo lo resolví".

Scenario #2

Amigo: "Acaban de despedirme..."
Tú: "Oye, sé exactamente cómo es eso. He estado ahí. Entiendo totalmente, también perdí mi trabajo una vez. Todo va a estar bien, ¡Mira dónde estoy ahora!"

¿Cómo podrían desarrollarse estos escenarios? El amigo con quien conversas podría responder con algo parecido a: "Pues... emmm... mira, no tienes ni idea de cómo me siento ahora mismo. Cuando tú perdiste tu trabajo, no tenías mis hijos ni mi hipoteca, así que lo que dices no tiene ningún sentido. Nuestras situaciones no se parecen en nada". Como respuesta, podrías decir algo parecido a: "Oye, ¿por qué reaccionas así? No hace falta que estés a la defensiva. Sólo intentaba ayudar". Y así sucesivamente...

Esto sucede cuando te imaginas que estás empatizando, mientras que en realidad estás practicando un acto de "proyección" bien intencionado, pero fuera de lugar. Definitivamente hay momentos en los que proyectarse es oportuno. Por ejemplo, proyectarse es apropiado cuando quieres destacar algo que tienes en común con un desconocido, o compartir soluciones probadas a un problema. Sin embargo, proyectarse no es lo mismo que empatizar.

Lo triste es que esta situación podría haber acercado a dos personas, pero no lo hizo. En realidad, los separó aún más.

Una oportunidad para fortalecer su relación fue, en cambio, encallada en un debate fuera de lugar sobre qué desamor, pérdida de trabajo o derrota fue peor.

Como simple regla general:

¿De quién se trata la empatía? De la otra persona.
¿De quién no se trata? ¡De ti!

Y eso es una gran noticia, porque significa que no es necesario haber tenido exactamente la misma experiencia para tener el derecho o la capacidad de empatizar con otro ser humano.

Completar el círculo

Vamos a cerrar el círculo. Definimos una relación como tener alguien en este mundo que se preocupa por ti. Aunque esto está fuera de nuestro control, está dentro de nuestro control ser esa persona para los demás. No en los casos en los que realmente no te importa, sino en todas aquellas situaciones en las que de verdad te preocupas por alguien y te gustaría que lo supieran.

La intención de esta sección es crear más conciencia de las opciones que siempre tienes a tu disposición, en todas y cada una de las interacciones de tu vida diaria. Cuando quieras demostrar a los demás que te importan, puedes hacer muchas cosas, como resolver su problema, proyectarte en su situación o empatizar con ellos.

Por supuesto, hacer lo anterior puede aumentar las posibilidades de que los demás también se preocupen por ti. Sin embargo, como dirían los antiguos estoicos, eso podría considerarse un "indiferentemente preferido": muy bienvenido si ocurre, pero fundamentalmente no está bajo tu control y, por tanto, no te preocupa.

Al practicar esto, claramente, nada se interpone en tu camino de hacer esto por ti mismo también. ¿Con qué frecuencia eres tú tu mejor amigo? Al final del día, después de enfrentarte a las dificultades, ¿con qué frecuencia te preguntas cómo te sientes? ¿Profundamente triste, sinceramente aliviado, abrumadoramente ansioso, invadido de alegría? ¿Cómo encaja ese sentimiento en el entorno de todo lo que está ocurriendo en tu vida? ¿Y puedes ofrecerte alguna solución creativa para afrontar tus dificultades?

¿Quién ya está ahí para ti?

En la primera parte de este capítulo, hablamos de cómo está en tu mano ser esa persona para los demás y para ti mismo. Lo que también está en tu mano es, al menos, ser consciente de quién ya está ahí para ti. La buena noticia es que probablemente no empieces de cero y ya hay alguien que se preocupa por ti, en el espíritu de Atenea. Puede que incluso haya más personas de las que eres consciente.

Entonces, ¿quién ya está ahí para ti? ¿Y cómo de fácil o difícil te lo pones para experimentarlo? Probemos otro ejercicio.

EJERCICIO 2
Encender las luces

Tómate unos minutos para pensar en todas las personas del mundo que podrían preocuparse por ti, ya sea en tu vida diaria o en el trasfondo de tu vida. Estas personas podrían tener un gran impacto en tu vida, o enriquecerla con pequeños actos de bondad o apoyo.

Enumera los nombres de estas personas y también, si quieres, las formas en que demuestran que "están ahí para ti".

¿Qué se siente al hacer este ejercicio? ¿Cómo te sentiste? ¿Te surgió algo o alguien inesperado?

Al principio de este capítulo, partimos de una definición estricta de las relaciones: "alguien en el mundo que se preocupa por ti". Ahora, vamos a ampliar un poco esa definición. Ahora, cualquiera que haga tu vida un poco más fácil, más alegre, o hace que valga la pena, puede unirse a la lista.

Estas personas pueden ser familiares, amigos, conocidos, compañeros de clase, vecinos o colegas. Pueden ser seres humanos o mascotas. Pueden estar vivos o ya no estar aquí. Pueden ser personas de la vida real o personajes de ficción sacados de libros, películas o poemas. Pueden ser personas con las que te encuentres en persona o personas que nunca hayas conocido.

EJERCICIO 3
¿Quién más ya está ahí para ti?

¿Quién más entraría a la lista, si te permitieras estirar y jugar un poco con la definición?

Siéntete libre de hacer una pausa. ¿Qué has sentido esta vez al hacer el ejercicio? ¿Ha surgido algo sorprendente?

¿Quién *más* podría estar ahí para ti?

Pensemos un momento en cómo se forman los vínculos entre personas. Algunas personas en tu vida pueden haber estado desde el día en que naciste o desde que tienes uso de razón. Todas las demás personas han sido desconocidas en un momento de tu vida y, de alguna manera, se han convertido en parte de ella. ¿Cómo es que pasó esto?

Lo más probable es que el entorno específico en el que se conocieron fue propicio para crear lazos: un entorno que les reunió repetidamente, en el que con el tiempo pudieron conocerse mejor. La escuela es un buen ejemplo de este tipo de ambiente.

¿Cómo se ve tu entorno actual? ¿Cómo es que esta "agua" apoya la creación de nuevos vínculos o la profundización de los existentes? ¿Hasta qué punto te sientes cómodo dejando todo esto al azar?

EJERCICIO 4
Profundizando y ampliando

Tómate unos minutos para pensar en cada una de las siguientes preguntas. Te invito a ser lo más imaginativo y creativo posible.

- ¿Con quién quieres crear una relación más profunda? ¿Cómo podrías conseguirlo?

- ¿A quién más te gustaría añadir a tu vida? ¿Cuál podría ser el primer paso para lograrlo?

Capítulo Cuatro – la esencia

Sentirse atendido es importante. Aunque no está bajo nuestro control si los demás se preocupan por nosotros, sí está en nuestro control ser esa persona para los demás y para nosotros mismos.

Saber qué hacer. Cuando quieras demostrar a los demás que te importan, puedes hacer muchas cosas, como resolver sus problemas, proyectarte hacia sus situaciones o empatizar con ellos.

Observa, profundiza y amplía. ¿Qué tan fácil o difícil te lo pones para percibir tu grupo de apoyo actual y desarrollarlo con el tiempo?

> *"Pensamientos buenos, palabras buenas,*
> *acciones buenas".*
> —Zoroaster

CAPÍTULO CINCO
Por qué y cómo

Después de estar diez años fuera de casa, luchando en la guerra de Troya, Odiseo y sus hombres se embarcaron para regresar. A pesar de la ayuda de Atenea, su viaje seguía estando plagado de incertidumbres. Tuvieron que burlar a peligrosas criaturas míticas, navegar por mares difíciles, superar muchos golpes de mala suerte y lidiar con las manos del destino. Este viaje a casa les costó otros diez años de sus vidas.[1]

¿Cómo pudo Odiseo sostener y soportar ese largo viaje con sus innumerables dificultades? Una de las respuestas es que tenía un "por qué" muy claro: llegar a Ítaca y por fin volver a abrazar a su mujer y a su hijo.

En el espíritu de Nietzsche: "Quien tiene un porqué puede soportar (casi) cualquier cómo".[2] Piensa en los modelos de conducta que elegiste en el capítulo uno. Una de las razones por las que han podido salir adelante, incluso en los tiempos VICA más difíciles, es porque tenían un "por qué" bien claro. El significado, sin embargo, no se limita a los momentos de desafío y dificultad. Los buenos momentos de la vida también se enriquecen cuando se les da un sentido. Puede dar color a nuestra vida cotidiana de hermosas maneras.

Como humanos, hemos estado reflexionando sobre el significado de la vida, las estrellas y el universo desde que tenemos memoria. ¿Por qué estamos aquí? ¿Por qué estás tú aquí? Son preguntas profundas sobre las que se puede reflexionar durante toda la vida.

En este capítulo, sin embargo, no trataremos de responder a las grandes preguntas de la vida. En su lugar, abordaremos el significado concentrándonos radicalmente en lo que podemos controlar. El objetivo es convertir la capacidad de dar sentido en un músculo funcional, y fortalecer ese músculo. ¿Cómo puedes dar más sentido en los momentos aparentemente ordinarios de tu vida cotidiana? ¿Cómo puedes dar más sentido a tu propia vida y a la de las personas con quienes vives y trabajas?

De ladrillos, pilares y escuelas

Una persona pasó por una obra y vio a gente trabajando. Se acercó a una de las personas y le preguntó, "Disculpe, ¿podría decirme qué es lo que está haciendo aquí?" Respondió: "Es sencillo. Estoy poniendo ladrillos". Luego se acercó a otra persona que parecía estar haciendo lo mismo y le hizo la misma pregunta. Él levantó la vista y dijo: "Simple. Estoy construyendo un pilar". Cuando le hizo la misma pregunta a una tercera persona, él respondió: "Bueno, estoy construyendo una escuela. Un lugar para que los niños vengan a aprender".[4]

Para los abogados entre nosotros, ¿será que alguna de estas tres personas no está diciendo la "verdad"? Por supuesto, esta es una pregunta retórica, y cada persona está compartiendo su visión de la realidad. No obstante, uno puede imaginar que la primera persona puede sentirse diferente a la tercera cuando se levanta para ir al trabajo.

El "sentido" en este capítulo no se refiere, por tanto, a la realidad observable externamente, sino a la experiencia interior y subjetiva de esa realidad.

La acción más sin sentido que jamás haya ocurrido en la historia de la humanidad

Para empezar a practicar la capacidad de aumentar y disminuir el sentido de cualquier cosa que hagas, vamos a empezar con un ejercicio.

Vamos a ver una sola acción desde tres ángulos diferentes:

- "Poner ladrillos", es decir, no contribuir a nada
- "Construir pilares", es decir, contribuir mínimamente a algo
- "Construir escuelas", es decir, contribuir plenamente a algo que es importante para ti

Ahora, imagina a una juez que, después de emitir un veredicto en un gran caso que ha durado meses, tiene que sentarse durante horas a escribir su sentencia para el registro oficial. Analicemos tres formas diferentes en las que la juez puede experimentar esta actividad.

0: Poner ladrillos

¿Qué tendría que pensar para experimentar esta tarea como "la acción más sin sentido que ha habido en la historia de la humanidad"?

- "De todas formas, puede que nadie lo lea".
- "Podría aprovechar mi tiempo haciendo muchas otras cosas".
- "Estoy escribiendo palabras en mi escritorio".
- "¿Invertí todos esos años para acabar haciendo esto?"
- "Cualquier otro podría estar haciendo esto ahora mismo, en mi lugar".

1: Construir pilares

Tomando una perspectiva diferente, ¿cómo podemos ayudar a esta juez a convertir esta acción en una experiencia (un poco más) significativa?

- "Quién sabe, podría aprender algo nuevo de esto".
- "Hacer esto demuestra cierta dedicación a mi organización".
- "En caso de que alguna vez se necesiten, estaré aliviada de que tengamos estos documentos".
- "Al menos estoy practicando mis habilidades de escritura y mecanografía".
- "Con esto estoy ayudando a un compañero ocupado".

∞: Construir escuelas

Ahora, ¿cómo podemos sobrepasar los límites? ¿Cómo podríamos convertir la tarea de la juez en "la experiencia más significativa que haya existido en la historia de la humanidad"?

- "Esto puede evitar una demanda masiva e innecesaria que habría costado dinero a los contribuyentes".
- "Con esta actividad, estoy reforzando la confianza en nuestra constitución, que es la base de nuestra sociedad".
- "La plantilla que estoy creando para la documentación de este caso podría ser de ayuda para mis colegas, ahorrándoles tiempo y esfuerzo en el futuro".
- "Una documentación completa del caso me enseña mucho sobre él y me convierte en una mejor juez para futuros casos, posiblemente más complejos".
- "Sólo si hago correctamente todos los aspectos de mi trabajo que podría ser promovida al más alto tribunal de nuestro país".

Por supuesto, esto es sólo un experimento mental. Pero es de esperar que el punto se comunique: la misma actividad física pueda ser experimentada de forma completamente diferente dependiendo del sentido que le atribuyas.

Lo anterior no significa que, para una acción determinada, haya que ir siempre más allá del límite e imaginar que es lo más significativo que haya habido en la historia de la humanidad. Se trata principalmente de mostrar que la disminución y el aumento del sentido está bajo tu control.

Cuando quieres aumentar el sentido, tienes la opción de encender las luces y ver a qué estás contribuyendo, en toda su riqueza: desde crear algo significativo hasta prevenir algo indeseable. Tu tarea no es intentar hallar el sentido en aquellos lugares donde apenas existe; es asegurarte de que no se te escape el sentido que podría estar presente, porque ¿cómo sería de diferente el día hoy si pudieras experimentar más significado en él?

EJERCICIO 1
Entrenamiento de sentido pleno

Ahora te toca a ti. Piensa en una actividad reciente que hayas tenido que hacer, que no hayas disfrutado especialmente.

¿Cómo describirías esto como "la acción más sin sentido que ha habido en la historia de la humanidad", es decir, el equivalente a "poner ladrillos" (0)?

-
-
-

-

-

¿Cómo podrías hacerla un poco más significativa? (1)

-

-

-

-

-

¿Y cómo podrías exagerar para describirlo como "la acción más significativa que se ha realizado en la historia de la humanidad" (∞)?

-

-

-

Ahora, tómate unos momentos para reflexionar:

- ¿Cómo se sintió el moverse entre los tres niveles?
- ¿Qué puedes aprender de esto?

Cuando menos puede ser más

Una de las formas en que los antiguos estoicos podían lidiar con eventos potencialmente perturbadores, no era *aumentando* sino *disminuyendo* el sentido: describiendo los acontecimientos de la forma más literal posible. Cuando un jarrón especial que ha pertenecido a la familia durante generaciones se cae y se rompe accidentalmente, una forma de experimentarlo es como la destrucción de los esfuerzos de generaciones que han transmitido un símbolo de amor, fuerza y devoción. Otra forma de vivirlo es como un jarrón que se ha caído y se ha roto.

Las virtudes de Yoda, Gandalf y el Sr. Spock

A la hora de convertir las cosas en "la acción más significativa", hay un ámbito que a menudo se pasa por alto y al que siempre se puede contribuir: las virtudes. Una virtud es un rasgo de nuestro carácter que se considera positivo.[6] En el pasado, muchas filosofías y escuelas de pensamiento consideraban que el ejercicio de las virtudes era el objetivo principal de la vida humana.[7]

Volvamos con nuestra juez, que sigue inmersa en su papeleo. Nuestra jueza podría darse cuenta de que, independientemente de las consecuencias externas de su trabajo, también está ejerciendo virtudes. ¿Cuáles podrían ser? Tal vez la paciencia. Porque ¿cuáles son los únicos casos en los que se puede practicar la paciencia? Cuando uno realmente no quiere hacer algo, claro. Así como el único momento para practicar el valor es en presencia del miedo real. Puedes ver estas situaciones desafiantes como oportunidades para practicar las virtudes y así construir tu propio carácter.

Cada día, tomas decisiones en condiciones volátiles, inciertas, complejas y ambiguas. Independientemente del resultado, en estas condiciones estás practicando la virtud de la sabiduría al pensar en el mejor camino a seguir. Al hacerlo, te has unido al famoso club de Yoda de *La Guerra de las Galaxias*, Gandalf de *El Señor de los Anillos* y el Sr. Spock de *Star Trek*.

¿Qué virtudes te gustaría desarrollar más? ¿Y qué situaciones son las más adecuadas para practicarlas? Para ayudarte, aquí tienes algunas virtudes comunes con las que podrías empezar:

- Sabiduría
- Coraje
- Bondad
- Humildad
- Diligencia
- Honestidad
- Paciencia
- Generosidad
- Tolerancia
- Compasión

Siéntete libre de añadir otras virtudes que se te vengan a la mente.

-
-
-
-
-
-

EJERCICIO 2
Practicar virtudes

Piensa en algunas de las actividades que has planeado para los próximos días. ¿Hay alguna actividad que no te guste? ¿Qué virtudes podrías desarrollar a través de estas actividades?

"Déjame explicártelo una vez más"

Todo lo que se ha discutido hasta ahora, perfectamente puede aplicarse para ayudar a otros a experimentar el sentido de la vida. Sin embargo, hay que tener en cuenta un punto importante antes de hacerlo. Con toda la buena intención, es fácil pasar por alto una simple verdad:

Aquello que es significativo para ti,
no es automáticamente significativo para los demás.

Volvamos a nuestro ejemplo del discurso de boda, del capítulo dos; esta vez centrándonos en el contenido del discurso. Los diferentes invitados pueden encontrar la boda significativa por diferentes razones. Ahora imaginemos que se les dice a todos que deben estar de acuerdo con sólo una misma buena razón para estar allí (por ejemplo, apoyar a la pareja enamorada). ¿Qué tan realista sería eso? ¿Y hasta qué punto es necesario?

¿Cuántas veces, otra persona ha asumido que lo que él o ella considera importante debe serlo también para ti? ¿Cómo te hizo sentir eso? Mirando hacia atrás, ¿cuántas veces podrías haber asumido lo mismo de los demás?

Entonces, ¿cómo podemos abordar esta cuestión? ¿Cómo podemos distinguir entre las diferentes fuentes de sentido y crear un espacio para que coexistan?

Hay muchas, quizás infinitas, fuentes de sentido. También
hay muchas formas de clasificarlas. En favor de crear un
lenguaje común, he aquí un sistema de categorización.[8]

Categorías de sentido

	Ejemplos
Personal	- Aprender algo nuevo - Desarrollar una virtud - Crecer profesionalmente
Relacional	- Procurar el bienestar de los amigos y la familia - Tener una sensación de pertenencia a una comunidad, un equipo, una organización.
Institucional	- Reforzar el rendimiento de una organización - Crear una institución que dure
Social	- Restaurar el medio ambiente - Ejercer deberes cívicos - Prevenir daños a la economía - Construir comunidades florecientes
Metafísica	- Entender cuestiones fundamentales sobre la vida

Una vez que hayas leído estas diferentes categorías de
sentido, imagina que te han dado cien "estrellas de sentido". Intenta distribuirlas entre estas cinco categorías en
función de lo que te parezca significativo: no porque las

encuentras "en teoría" importantes, sino porque te emocionan de verdad.

¿Qué tal estuvo? ¿Las respuestas fueron intuitivas o requirieron mucha reflexión? ¿Te sorprende algo en la distribución? ¿Está equilibrada o parece que haya preferencias?

Al igual que tú puedes tener preferencias, los demás también las tienen. Por lo tanto, la próxima vez que quieras motivar a todo un grupo de personas, a tus hijos, a un aula, a tus compañeros de trabajo o a cualquier otra persona, podrías ser muy considerado con las categorías de sentido a las que te diriges. Si no lo haces (en todos tus discursos, correos electrónicos, preguntas, conversaciones y celebraciones), puede que los demás te digan que tu historia no va con ellos. Puede que se limiten a asentir con la cabeza porque, seamos sinceros, es incómodo interrumpir a alguien para decir: "Realmente, lo que acabas de decir, tus razones y los elaborados detalles que has descrito, no me importan". Como puedes ver, esto no sólo es una oportunidad perdida para infundir una acción con sentido, sino que también puede crear una distancia innecesaria entre tú y los demás.

De nuevo, no se trata de fingir que hay un sentido cuando y donde no lo hay. A veces simplemente tienes una pila de ladrillos y necesitas que la gente te ayude a colocarlos. La gente apreciará que seas claro al respecto. Sin embargo, con un poco de práctica, puedes ser capaz de proporcionar la cantidad correcta de sentido en el momento adecuado para las personas, incluso con categorías que no van del todo contigo.

Esto no significa que no puedas compartir lo que es significativo para ti con otras personas; al contrario, esto podría resultar inspirador. Sólo tienes que ser consciente de no universalizar tu forma de dar sentido, ni imponerla a todos los demás seres humanos a tu alrededor. Practiquemos esto en el siguiente ejercicio.

EJERCICIO 3
Aprovechar todas las fuentes

Piensa en un esfuerzo, una tarea o el inicio de un proyecto que requiere la ayuda de otras personas para que funcione. ¿Cómo podrías presentar esa historia, de tal manera que toque diferentes categorías de sentido?

Desafíate a ver hasta dónde puedes ampliar cada categoría de sentido hacia el infinito, sin dejar de ser realista.

0	1	∞
"Poner ladrillos"	*"Construir pilares"*	*"Construir escuelas"*

- Personal

- Relacional

- Institucional

- Social

- Metafísica

Descubrir el "por qué" que puede ayudar a soportar (casi) cualquier "cómo"

Hasta ahora, has aprendido a navegar por el espectro entre lo totalmente sin sentido y lo increíblemente significativo. También has aprendido sobre las diferentes categorías de lo que la gente puede encontrar importante. Este último ejercicio pretende ayudarte a descubrir aún más lo que es significativo para ti, basándote en tu vida hasta ahora.[9]

EJERCICIO 4
Tu vida

Por cada fase de tu vida, piensa en una, dos o tres cosas que eran importantes para ti en ese momento. Permite que esto sea un libre flujo de recuerdos, sin importar si son positivos o negativos, grandes o pequeños.

Fase de la vida:

Cosa importante #1:

Cosa importante #2:

Cosa importante #3:

Fase de la vida:

Cosa importante #1:

Cosa importante #2:

Cosa importante #3:

Fase de la vida:

Cosa importante #1:

Cosa importante #2:

Cosa importante #3:

Fase de la vida:

Cosa importante #1:

Cosa importante #2:

Cosa importante #3:

Fase de la vida:

Cosa importante #1:

Cosa importante #2:

Cosa importante #3:

¿Cómo se sintió? ¿Reconociste algún tema o patrón recurrente? ¿Cuáles podrían ser los "por qué" que te han ayudado, y seguirán ayudándote, a soportar cualquier "cómo"?

Puede resultar reconfortante saber que muchas de las cosas que uno hace contribuyen ciertamente a algo más grande que uno mismo. Tal vez, para algunas de esas cosas, nunca verás el resultado final. Puede que pase más de una generación antes de que el fruto de tu de tu trabajo se haga visible. Sin embargo, cuando se trata de sentido, cada paso puede considerarse valioso en sí mismo.

Capítulo Cinco – la esencia

Vive el sentido de la vida. No sólo emprendiendo actividades nuevas o significativas, sino también pensando de forma diferente en lo que ya estás haciendo.

Reconoce las diferencias. Es perfectamente válido trabajar en la misma cosa por razones totalmente diferentes.

Empieza a aplicar ahora (o después). ¿Qué te está aportando la lectura de este libro?

> "El misterio de la existencia humana no radica sólo en mantenerse vivo, sino en encontrar algo por lo que vivir".
> —Fyodor Dostoyevsky

CAPÍTULO SEIS

Inicio y fin

Odiseo abraza a su esposa e hijo después de veinte largos años...

Heracles completa sus doce trabajos...

Alejandro comprende por fin lo que quiere decir Diógenes...

Los obreros de la construcción terminan de construir la escuela...

Los dos pececillos entienden lo que es el agua...

Tú has llegado hasta aquí en este libro...

Mientras que el capítulo anterior trataba sobre el viaje, este capítulo trata sobre el destino.[1] Se trata de la sensación de cierre, finalización y logro, por grande o pequeño que sea. Este sentimiento puede hallarse por sí mismo. Piensa, por ejemplo, en alguien que:

- Anota una tarea en una "lista de tareas" después de que la tarea ya estaba terminada, sólo para poder tachar los "pendientes".
- Intenta ganar un juego una y otra vez y finalmente lo hace.
- Aprende una nueva habilidad (por ejemplo, tocar un instrumento, practicar un deporte, cocinar un platillo determinado), sólo para poder hacerlo.

¿Hay algo que hagas por el mero hecho de sentirte realizado? Del mismo modo que la comida y el agua son necesidades físicas, la sensación de logro puede considerarse una necesidad psicológica.[2]

Veamos esto en el entorno VICA. ¿Con qué frecuencia tu entorno te proporciona una sensación de éxito? A diferencia de lo que ocurría hace décadas, y ciertamente siglos, el trabajo diario para muchos es cada vez más abstracto, intangible y a largo plazo.

Por eso, para muchos de nosotros, los momentos de

realización no se presentan de forma natural en nuestra vida cotidiana. A no ser que seas un cirujano o un zapatero, puedes tardar meses o incluso años en ver los resultados finales del trabajo que realizas cada día. Esto puede hacer que sea más complicado salir adelante en los momentos difíciles.

EJERCICIO 1
La vara

Mirando hacia atrás, a los últimos dos meses de tu vida, piensa en todos los logros que puedas y escríbelos. Pueden ser cosas visibles para los demás o sólo para ti. Pueden ser cosas que hayas conseguido haciendo o, por ejemplo, "esfuerzos por no hacer" (es decir, dejar de hacer algo perjudicial).[3]

-
-
-
-

-

-

-

-

-

-

Algunas personas, al hacer este ejercicio, sólo tienen unos pocos logros en su lista. Otras tienen muchos. ¿Significa que este último grupo es mucho más productivo que el primero? La respuesta es, por supuesto, "no, no necesariamente". Pero sí pone de manifiesto que todos definimos los logros de forma diferente. Y eso está bien, porque tú eres la única persona que sabe y puede decidir si realmente has logrado algo o no.

Por eso no tendrás una lista de control para saber cuándo algo es un logro o no. Sin embargo, puedes ser más consciente de dónde pones la vara y por qué.

Lo quieras o no, tienes una vara. ¿Qué tan fácil o difícil te lo pones a ti mismo, y a los demás, para experimentar una sensación regular de éxito?

¿Cuáles son los beneficios de tener una vara (muy) alta para lo que consideras un logro?

- Puede ser una motivación extra para ir más allá de las expectativas normales.
- Cuando consigas tu objetivo, puede que sea más memorable.
- Podría inspirar a otros a hacer grandes cosas.

¿Cuál es el precio de tener una vara (muy) alta?

- Puedes arriesgarte a no alcanzar nunca tus objetivos
- Puede que te impida incluso empezar una tarea.
- Rara vez, o nunca, sentirás que has logrado algo.

¿Cuáles son los beneficios de tener una vara (muy) baja para lo que consideras un logro?

- Con frecuencia experimentas el efecto del éxito en tu vida.
- Disfrutas de continuos incrementos de motivación.
- Puede ser más fácil empezar nuevas tareas.

¿Cuál es el precio de tener una vara (muy) baja?

- Puede disminuir la calidad del efecto del éxito.
- Puede que te sientas menos motivado, debido a la falta de un desafío significativo.
- Podría distraerte de la ejecución de las principales tareas de la vida, dejando gran parte de tu potencial sin explotar.

Al reflexionar sobre estas preguntas, puedes evaluar cómo defines actualmente los logros. ¿Hay algún ajuste que te gustaría hacer? En tu opinión, ¿un logro tiene que requerir fuerza de voluntad, o no tiene que requerir nada? ¿Hay algo que te gustaría añadir (o eliminar) de tu lista inicial? También puedes preguntar a las personas cercanas a ti lo que consideran como tus logros.

Contar colores

Puede que estés sentado en un banco del parque leyendo esto. Puede que estés sentado en el autobús o en una silla del salón de su casa. Independientemente de dónde estés, es hora de echar un vistazo a tu alrededor.

EJERCICIO 2
Contar todo lo que es rojo

Tienes exactamente quince segundos para contar el número de cosas de tu entorno que sean de color rojo. Escribe el número a continuación.

Ahora, anota el número de cosas que has visto que eran *verdes*... sin volver a mirar a tu alrededor. :)

Este ejercicio era, obviamente, un truco para tomar conciencia de los efectos de tu concentración. ¿Cuántas cosas verdes notaste cuando estabas contando las rojas?

El verde y el rojo estaban allí, ambos al mismo tiempo; sin embargo, uno ve sobre todo aquello en lo que se concentra. Esta analogía puede trasladarse a tu vida cotidiana. Qué tal si, al final de la semana, te preguntas lo siguiente: ¿Qué ha ido mal esta semana? ¿Qué no he terminado? ¿Qué es lo que todavía va con retraso?

Son preguntas perfectamente legítimas, el equivalente a preguntar: "¿Qué había de rojo a mi alrededor?". Pero si no decides deliberadamente en qué concentrarte, puede que acabes recordando sólo el rojo. O puede que acabes creyendo que el rojo era el color más predominante en tu entorno. Así que, qué tal si además de —no en lugar de— preguntarte "¿Qué había de rojo?" te preguntas también "¿Qué había de verde?". En otras palabras, al final de la semana, podrías preguntarte también lo siguiente: ¿Qué ha ido bien? ¿Qué he conseguido terminar a tiempo? ¿Qué ha ido mejor de lo esperado? De este modo, puedes permitirte sentir ese efecto, esa sensación de éxito, con cada paso que das.

Celebraciones mágicas

Los logros pueden ser desestimados, reconocidos o, para sacarles el máximo partido, celebrados. En palabras del antiguo historiador griego, Polibio: "Los que saben ganar son mucho más numerosos que los que saben hacer un uso adecuado de sus victorias".[4] Las celebraciones no tienen por qué costar nada, ni ser enormes ni estar planificadas previamente. Las espontáneas pueden ser incluso las más memorables y divertidas.

¿Tienes alguna experiencia en la celebración de logros? ¿Cuáles son algunas de las diferentes maneras en las que has disfrutado hacerlo? ¿Qué considerarían las personas de tu entorno como una buena forma de celebrar sus logros? ¿Podrías ayudarles a hacerlo?

EJERCICIO 3
Ideas para celebrar

¿Cuáles son tus formas favoritas de celebrar los logros? A continuación te ofrecemos algunas ideas para empezar; tómate un momento para añadir las tuyas propias.

- Consigue algo delicioso para comer.
- Pon la música que te encanta.

- Tómate un momento para hacer tus cosas favoritas (del capítulo dos).
- Infla algunos globos e invita a quienquiera que te haya ayudado a alcanzar tu meta.
-
-
-
-
-
-
-
-
-

¡Felicidades! Acabas de terminar los seis capítulos principales de este libro.

¿Cómo lo vas a celebrar?

Capítulo Seis – la esencia

Alcanza los objetivos con éxito. En un entorno que forma parte del mundo VICA, es útil hacer que los frutos de tu trabajo sean más visibles para ti.

Ajusta la vara. Tú eres la única persona que puede definir lo que es un logro para ti.

Celebra cuando quieras, a partir de ahora.

> *"Los grandes actos están hechos de pequeñas obras".*
> —Lao Tzu

CONCLUSIÓN
Amor y despedidas

~~~

"Aprender a pensar...en realidad significa aprender a ejercer cierto control sobre el cómo y lo que se piensa. Significa ser lo suficientemente consciente y atento como para elegir a qué poner atención y cómo construir el sentido a partir de la experiencia. Porque si no puedes o no quieres ejercer este tipo de elección en la vida adulta, estarás totalmente frito".
—David Foster Wallace

Empezamos este libro juntos con esta cita, y también lo terminaremos con ella, cerrando el círculo. Todos los que han contribuido a este libro esperan que, en el proceso, sientas que tienes más opciones, en cualquier momento, en cualquier situación.

Este libro no trata de lo que *deberías* hacer, sino de lo que *podrías* hacer. Al final, puedes decidir en base a tu propia voluntad, creatividad, experiencia de vida, y fortalezas únicas en lo que quieres enfocarte. Si son las cosas que están bajo control o fuera de control, tú decides. Si se trata de aumentar la conciencia de tu ambiente y de la gente que hay en él, tú decides. Si quieres centrarte más en tus cosas favoritas, en estar ahí para los demás, en construir tus virtudes o en celebrar lo lejos que has llegado, tú decides todo.

El valor de una embarcación reside en su capacidad para llevarte al otro lado del río. Una vez que estás en la otra orilla, sigues con tu vida.[1] Espero que este libro te haya ayudado en tu viaje para que puedas acercarte a donde quieres estar.

RECONOCIMIENTOS
Gratitud y admiración

"La cúspide de lo que el hombre puede alcanzar es la admiración; y si el fenómeno principal lo hace maravillarse, déjenlo que se contente. Nada más allá puede dárselo, y no debería buscar nada más detrás de ello; este es el límite."
—Johann Wolfgang von Goethe

Gracias a todos los que alguna vez se asombraron con la vida y compartieron sus pensamientos con los demás. Como estrellas brillantes, estos pensamientos pueden guiarnos en este mundo cambiante.

Gracias a Monireh Sadrzadeh, que con sus hermosos sueños, sus desinteresados esfuerzos y su máxima exigencia, hizo que todo fuera posible en primer lugar.

Gracias a Leila Kian, que desde nuestra infancia ha sido una compañera brillante y creativa a la hora de jugar con las ideas más coloridas: descubrirlas, conectarlas, escribirlas, nombrarlas y reordenarlas para que sean divertidas y prácticas.

Gracias a Clemens Fahrbach, que se unió al Foro de Young Leaders desde el principio, ayudó a construir una comunidad vibrante y se esforzó por ayudar en la creación de este libro.

Gracias a Paulette van Ommen, mi ángel de inspiración, que con su amor, humor y sabiduría me ayudó en cada paso del camino, especialmente en los momentos más difíciles.

Gracias a todos los que tuvieron la amabilidad de apoyar abriendo puertas: Claudio Feser, Sven Smit, Mary Meaney, Dominic Barton, Nick van Dam, Rob Theunissen, Dieuwert Inia, Peter de Wit, Wopke Hoekstra, Rik Kirkland, Pierre Gurdjian, Chris Gagnon, Paul Rutten, Jean Timsit, Gene Kuo, Corinne Pit, Rens ter Weijde, Fabian Billing, Marlies Zwaan, Scott Keller, Nikola Jurisic, Emmelie Erkelens, el gran equipo de Scribe Media, Nicolai Nielsen, Miranda Berkhof, Cornelius Baur, Jakob Rüden, Anna Granskog, Martin Lösch, Jasper van Halder, Joanna Barsh, Matthias

Breunig, Robert Carsouw, Allen Webb, Tori Fahey, Johanna Hirscher, Laurie Jansen, y Liz Ericson.

Gracias a todos los amigos y familiares que ayudaron a que las cosas funcionaran, llueva o truene: Noush Kian, Martijn Busstra, Annemiek Krans, Lennard Busstra, Manou Korst, Floris Busstra, Kim van der Feltz, Robin van Merkestein, Basia Kostrzewa, Kate VanAkin, Bryony Winn, Teun Hermsen, Tyson Gaylord, Sebastien Valkenberg, Mark Scheid, Sepand Samzadeh, Thibaut Pugin, Adeleh Hashemi, Glen Kruse, Juliette Audet, Simon Alfano, Anne Blackman, Hervé Huisman, Danelle Scholtz, Merja Kolehmainen, Josh Rothenberg, Marianne Moukhtara, Emilie Valentova, Muzi Yu, Emily Yueh, Parvin Samzadeh, Eman Bataineh, Audrey Stikkers, Jeroen Huisman, Marieke Ebbing, Faridun Dotiwala, Corentin Delépaut, Liza Rubinstein Malamud, Mohcine Ouass, Kevin Kumler, Joey Chin, Leonoor Schouten Netten, Tiffany Wendler, Maria Jos, Lisette Steins, Jan Tijs Nijssen, Christian Behrends, Corinna Gerleve Jaap Vriesendorp, Jochen Hartmann, Julie Fry, Benedikt Krings, Alexander Bülow, Pekka Tölli, Meeke de Jong, Grace Ho, Mike Vierow, Hanna Kaustia, Kristina Thim, Martin Kramer, Adeline de Wazier, Ellen Bracquiné, Jean-Elie Aron, Alexandra McMurray y Carol Weese.

Sobre el autor

Kayvan Kian es empresario, profesor y asesor principal en McKinsey & Company en Ámsterdam. Es el fundador del Foro Young Leaders y ha dado conferencias como invitado en la Harvard Business School, HEC, Sciences Po y otras escuelas. Desde su infancia le ha interesado entender cómo algunas personas son capaces de prosperar en momentos difíciles de la vida, y espera que compartiendo estas duras lecciones con los demás, podamos hacer de este mundo un lugar mejor. Tiene un MBA del INSEAD y es licenciado en Economía y Derecho por la Universidad Erasmus de Rotterdam.

APÉNDICE A

Matriz personal de habilidades

… APÉNDICE B

Otras cosas bajo mi control

Otras cosas bajo mi control

Otras cosas bajo mi control

Otras cosas bajo mi control

APÉNDICE C

Pensamientos, ideas y más...

Pensamientos, ideas y más...

Pensamientos, ideas y más…

Pensamientos, ideas y más...

REFERENCIAS
H₂ + O

Introducción

1. M. Seligman, Flourish: *A New Understanding of Happiness and Well-being*, (Londres: Nicholas Brealey Publishing, 2011).

2. El Foro de Young Leaders es un taller de varios días desarrollado por el autor, diseñado para ayudar a los jóvenes a liderar, crecer y prosperar en un mundo volátil, incierto, complejo y ambiguo.

Capítulo uno: Consciencia y decisión

1. E. Hamilton, *Mythology: Timeless Tales of Gods and Heroes*, (Nueva York: Grand Central Publishing, 2011).

2. D. F. Wallace, *This Is Water: Some Thoughts, Delivered on a Significant Occasion, about Living a Compassionate Life* (Nueva York: Little Brown Book Group, 2009).

3. VICA es un término acuñado por los militares estadounidenses para describir la naturaleza volátil, incierta, compleja y ambigua de nuestro mundo contemporáneo. Se escribe VUCA en inglés.

4   B. J. Kreisman, "Insights into Employee Motivation, Commitment, and Retention," *Business Training Experts: Leadership Journal* (2002): 1–24.

5   J. Rodin, "Aging and Health: Effects of the Sense of Control," *Science* 233 (1986): 1271–1276.

6   P. E. Spector, C. L. Cooper, J. I. Sanchez, M. O'Driscoll, K. Sparks, P. Bernin, A. Büssing, et al., "Locus of Control and WellBeing at Work: How Generalizable Are Western Findings?" *Academy of Management Journal* 45, no. 2 (2002): 453–466.

7   Inspirado en N. N. Taleb, *Antifragile: Things That Gain from Disorder* (Londres: Penguin Books Ltd., 2013).

8   Perspectiva basada en una conversación entre L. Kian y K. Kian en la primavera de 2014, en la que se acuñó el término entre L. Kian y K. Kian en la primavera de 2014.

9   Epíteto, *Of Human Freedom*, trad. por Robert Dobbin (Londres: Penguin Books Ltd, 2010).

Capítulo dos: Positivo y negativo

1   Diógenes, *Sayings and Anecdotes, with Other Popular Moralists*, trad. por R. Hard (Oxford, Oxford University Press, 2012).

2   Seligman, *Flourish*.

3   W. G. Parrott, *The Positive Side of Negative Emotions* (Nueva York: Guilford Press, 2014).

4   M. M. Tugade, B. L. Fredrickson y L. F. Barrett, "Psychological Resilience and Positive Emotional Granularity: Examining the Benefits of Positive Emotions on Coping and Health", *Journal of Personality* 72, n° 6 (2004): 1161-1190.

5   B. L. Fredrickson, "The Role of Positive Emotions in Positive Psychology," *American Psychologist* 56, no. 3 (2001): 218-226.

6   Utilizado con permiso de Hal Leonard Europe Limited, "My Favorite Things" (de *The Sound of Music*). Letra de Oscar Hammerstein II, música de Richard Rodgers. Copyright 1959 (renovado) Richard Rodgers y Oscar Hammerstein II. Williamson Music, una división de Rodgers & Hammerstein: una compañía de Concord Music, propietaria de los derechos de publicación y otros derechos conexos en todo el mundo. Derechos de impresión administrados por Hal Leonard LLC. Todos los derechos reservados. Derechos de autor internacionales asegurados.

7   B. L. Fredrickson, "The Broaden-and-Build Theory of Positive Emotions," *Philosophical Transactions of the Royal Society B: Biological Sciences* 359, no. 1449 (2004): 1367–1378.

8   Perspectiva basada en y término acuñado durante la conversación entre L. Kian y K. Kian en el verano de 2017.

9   M. Seligman, *Learned Optimism: How to Change Your Mind and Your Life* (Nueva York: Vintage Books, 2006).

10 El concepto y la terminología del optimismo aprendido en este libro se adaptan y se basan en los comentarios del Foro Young Leaders 2012-2019.

11 J. Gottman y N. Silver, *The Seven Principles for Making Marriage Work: Una guía práctica del mayor experto en relaciones del país* (Nueva York: Three Rivers Press, 1999).

12 Término inspirado en el título de la película *Collateral Beauty*, dirigida por David Frankel y escrita por Allan Loeb, 2016.

13 A. M. Wood, J. J. Froh, y A. W. A. Geraghty, "Gratitude and Well-Being: A Review and Theoretical Integration," *Clinical Psychology Review* 30, no. 7 (2010): 890–905.

14 Término acuñado durante una conversación entre L. Kian y K. Kian en el verano de 2017.

Capítulo tres: Fortalezas y debilidades

1. Epíteto, *Discourses, Fragments, Handbook*, trad. por R. Hard (Oxford: Oxford University Press, 2014).

2. M. Csikszentmihaly, *Flow: The Psychology of Optimal Experience* (Nueva York: Harper Perennial Modern Classics, 2008).

3. Seligman, *Flourish*.

4. M. Csikszentmihaly, *Flow: The Psychology of Optimal Experience* (Nueva York: Harper Perennial Modern Classics, 2008).

5. J. Nakamura y M. Csikszentmihalyi, "Flow Theory and Research," in *Oxford Handbook of Positive Psychology*, ed. C. R. Snyder y S. J. Lopez (Nueva York: Oxford University Press, 2002), 89–105.

6. Este marco es adaptado de capp-Strengths Profile, Gallup-StrengthsFinder y Martin Seligman-via.

7. Este marco es adaptado de capp-Strengths Profile, Gallup-StrengthsFinder y Martin Seligman-via.

8. J. S. Bolen, *Gods in Everyman: Archetypes That Shape Men's Lives* (Nueva York: Harper & Row, 1989).

Capítulo cuatro: Tú y otros

1. Homero, *The Iliad*, trad. al inglés por R. Fagles (Londres: Penguin Classics, 1998).

2. Homero, *The Odyssey*, trad. por R. Fagles (Londres: Penguin Classics, 1999).

3. Taleb, *Antifragile*.

4. Seligman, *Flourish*.

5. W. J. Chopik, "Associations among Relational Values, Support, Health and Well-Being across the Adult Lifespan", *Personal Relationships* 24 (2017): 408-422.

6 Adaptado de J. Gottman y J. DeClaire, *The Heart of Parenting: Raising an Emotionally Intelligent Child* (Nueva York: Simon and Schuster, 1997); y R. Kegan, "The Colors of Emotions," *Counseling Master Class Handbook*, material interna de capacitación (Nueva York: McKinsey & Company, 2013).

Capítulo cinco: Porqué y cómo

1 Homero, *The Odyssey*, trad. por R. Fagles (Londres: Penguin Classics, 1999).

2 F. Nietzsche, *Twilight of the Idols* (North Charleston: CreateSpace Independent Publishing Platform, 2012).

3 Seligman, *Flourish*.

4 Adaptación del cuento "John F. Kennedy y el conserje" y del cuento "Construyendo catedrales" de Annette Simons.

5 Epíteto, *Discourses*.

6 *Oxford Dictionary of English*, (Oxford: Oxford University Press, 2010).

7 *The Stanford Encyclopedia of Philosophy*, s.v. Virtue Ethics (consultado en 2016) https://plato.stanford.edu/entries/ethics-virtue.

8 Adaptado de J. Barsh, *Centered Leadership: Leading with Purpose, Clarity, and Impact* (Nueva York: Crown Business, 2014).

9 Este ejercicio fue presentado originalmente al autor por un colega, en el otoño de 2014, y se presenta aquí en forma adaptada.

Capítulo seis: Inicio y fin

1 Seligman, *Flourish*.

2 Seligman, *Flourish*.

3 Término acuñado durante la conversación entre L. Kian y K. Kian en la primavera de 2018.

4 Polibio, *Las Historias*, traducción al inglés por R. Waterfield (Oxford: Oxford University Press, 2010).

Conclusión: amor y despedida

1 Inspirado por la parábola de la balsa (Alagaddupama Sutta, versos 13-15), el Buda.

www.ingramcontent.com/pod-product-compliance
Lightning Source LLC
Chambersburg PA
CBHW030524080526
44586CB00011B/315